oire
a résistance
en France

JEAN-FRANÇOIS MURACCIOLE

Ancien élève de l'ENS de Saint-Cloud
Agrégé d'Histoire
Maître de Conférences à l'Université Paul-Valéry de Montpellier

Quatrième édition mise à jour

14ᵉ mille

ISBN 2 13 053736 7

Dépôt légal — 1re édition : 1993
4e édition mise à jour : 2003, avril

© Presses Universitaires de France, 1993
6, avenue Reille, 75014 Paris

INDEX DES SIGLES

FN	Front national
FTP	Francs-tireurs et partisans
FUJP	Forces unies de la jeunesse patriotique
GPRF	Gouvernement provisoire de la République française
MLN	Mouvement de libération nationale
MOF	Mouvement ouvrier français
MOI	Main-d'œuvre immigrée
MUR	Mouvements unis de résistance
NAP	Noyautage des administrations publiques
OCM	Organisation civile et militaire
ORA	Organisation de résistance de l'armée
PWE	Political Warfare Executive
SAP	Section des atterrissages et parachutages
SNM	Service national des maquis
SOAM	Service des opérations aériennes et maritimes
SOE	Special Operations Executive
SOL	Service d'ordre légionnaire

Chapitre I

LES PREMIÈRES RÉSISTANCES

I. — Des actes isolés
aux premières convergences

1. **Armistice contre capitulation.** — En juin 1940, au moment de la débâcle, le choix ne se pose pas encore entre résistance et collaboration, mais entre capitulation et armistice. Les défenseurs de la capitulation se placent sur le terrain strictement militaire : l'armée seule assume la responsabilité de la défaite, alors que le gouvernement, abandonnant le pays aux troupes d'occupation, conserve toute liberté d'action pour continuer la lutte dans l'Empire. Les partisans de l'armistice, au contraire, se fondent sur le défaitisme : la guerre est finie, la Grande-Bretagne ne peut que s'effondrer à son tour ou se soumettre. Dans ces conditions, le plus raisonnable est de sauver ce qui peut l'être et de traiter avec le vainqueur. La thèse de la capitulation, et donc de la résistance, rencontre en définitive très peu de succès. Après le retrait de P. Reynaud au profit de Pétain, le 16 juin, deux possibilités s'offrent à ses défenseurs : le repli sur l'Empire ou l'émigration vers la Grande-Bretagne. La première solution échoue. Quelques parlementaires, embarqués sur le paquebot *Massilia,* entendent gagner l'Afrique du Nord pour y continuer la lutte. Le gouvernement de Pétain, après avoir tout fait pour empêcher leur départ, les fait traiter en suspects à Casablanca où certains (dont J. Zay et P. Mendès France) sont arrêtés. Quant à l'émigration, elle se limite pratiquement au général de Gaulle. L'armistice, défendu à Bordeaux par Laval, Bou-

thillier et Pétain, l'emporta facilement. À cela, trois raisons principales. En premier lieu, l'armée, par la voix du généralissime Weygand, se dressa contre l'autorité civile, incarnée par Reynaud, et refusa tout net d'assumer seule le désastre. En outre, pour certains hommes de droite, la défaite apparut comme la chance inespérée, sinon d'établir un régime autoritaire, du moins de prendre une revanche historique sur une République parlementaire et laïque qui, en 1936, avait pris la forme inacceptable du Front populaire. Enfin, on ne saurait négliger l'immense détresse du peuple français. Au désastre de l'armée en déroute, à la rafle de plus d'un million et demi de prisonniers et au sentiment d'un effondrement général, s'ajouta la panique de l'exode. Le mouvement, parti du nord où les populations gardaient en mémoire le dur souvenir de la précédente occupation, gagna, après le 10 juin, la région parisienne. J.-P. Azéma estime à 8 millions le nombre des réfugiés fuyant au hasard de routes souvent mitraillées ou coupées. S'ajoutait à cela un profond ébranlement moral. Les repères s'effondraient : à la vague anticommuniste de l'automne 1939, succéda, après Mers El-Kébir (1 200 morts), une puissante lame anglophobe. La IIIe République, et avec elle l'idée du régime parlementaire, était condamnée aux yeux de beaucoup. L'armistice put ainsi être présenté comme l'ultime rempart à l'effondrement, la condition d'un retour à la normale et l'espoir d'un renouveau national. Le maréchal Pétain, faisant quasi religieusement « don de sa personne à la France » et auréolé d'un prestige mythique, rallia à lui l'écrasante majorité d'un peuple désemparé. La solution Pétain apparut à l'été 1940 comme l'expression non seulement du patriotisme, mais aussi de la raison (sauver ce qui pouvait l'être en demeurant sur le sol national). Le 10 juillet 1940, le Parlement, à une forte majorité (569 oui, 80 non), vota les pleins pouvoirs au maréchal Pétain. Plus qu'une acceptation de l'armistice, ce vote marquait la condamnation de l'esprit républicain. Abattement, attentisme, abandon dans la rassurante mythologie pétainiste, tels sont les traits majeurs d'un pays dont le climat politique et moral est tout sauf favorable à l'esprit de résistance.

2. **Premiers refus.** — À l'été 1940, le refus de l'armistice ne s'exprime que par des actes isolés. J. Moulin, préfet d'Eure-et-Loir, préfère tenter de se suicider plutôt que de parapher un texte déshonorant pour les soldats coloniaux imposé par les Allemands. Les cadets de Saumur luttent sur la Loire. Les Sénégalais du 1er Régiment d'Infanterie Coloniale combattent près de Lyon, après l'annonce de la demande d'armistice, avec un acharnement tel que les Allemands n'hésitent pas à massacrer sauvagement les prisonniers. Les hommes de l'île de Sein, les 24 et 26 juin, gagnent tous l'Angleterre. Rares furent ceux qui entendirent l'appel du 18 juin, plus rares encore ceux qui y répondirent.

« Faire quelque chose », telle était l'obsession de ceux qui refusaient l'ordre allemand en France. Mais quoi ? Dès juillet 1940, le socialiste J. Texcier diffuse des tracts clandestins, *Conseils à l'occupé,* par lesquels il invite les Français à ignorer les Allemands. Le général Cochet, à Saint-Étienne, tout en proclamant sa fidélité à Pétain, signe des appels à la résistance destinés à l'armée de l'armistice. Au sein de cette armée, le colonel Colson organise la dissimulation de nombreuses armes. À Marseille, le capitaine H. Frenay recrute quelques officiers dans la perspective de la création d'une Armée secrète. À Vichy, G. Loustaunau-Lacau, ancien cagoulard, utilise ses fonctions officielles de secrétaire général de la Légion des combattants pour organiser l'un des premiers réseaux d'évasion et de renseignement (« La Croisade », devenue « Alliance » fin 1940). À Paris, dès l'automne 1940, paraissent les premiers périodiques clandestins : *Pantagruel* de R. Deiss, *L'Arc* de P. Corréard, ou *Valmy* de R. Burgard et P. Simon, venus de Jeune République. Périodiques fragiles (*L'Arc* disparaît en mars 1941), au tirage limité et lançant encore de timides appels à la résistance passive.

3. **Premières convergences.** — À la fin de 1940, ces tentatives, faibles et individuelles, commencent à susciter des convergences. H. R. Kedward a montré que ces convergences se réalisent le plus souvent sur la base de réseaux politiques ou professionnels préexistants. À Brive, E. Michelet, figure de la démocratie-chrétienne, diffuse à l'été 1940 des tracts qui refusent la résignation et il entraîne ses « Équipes sociales » du simple secours aux réfugiés vers l'aide aux opposants anti-nazis. Lyon s'affirme très tôt comme la capitale de la résistance chrétienne. S. Fumet, directeur de *Temps présent,* y fait reparaître sa revue sous le titre de *Temps nouveau.* Elle devient le point de ralliement de démocrates-chrétiens patriotes, comme le R.P. Chaillet ou F. de Menthon. Celui-ci, ancien président de l'Association catholique de la jeunesse française et professeur de droit, réalise la jonction entre ce groupe chrétien et certains de ses collègues. À l'automne 1940, il contacte dans les universités de droit de zone sud P.-H. Teitgen, R. Courtin ou R. Capitant et lance *Liberté,* périodique qui, tout en soutenant Pétain, refuse la collaboration et réfute le nazisme.

Les efforts de constitution de réseaux commencent à connaître quelques succès. L. de La Bardonnie, ancien de l'Action française, a réussi à former en Dordogne un petit réseau de renseignement, la « Confrérie Notre-Dame ». En novembre 1940, il établit la liaison avec la France libre grâce à Rémy et dès lors le réseau, animé à Paris par P. Brossolette, entame une croissance spectaculaire. H. Frenay est parvenu à la même date, avec l'aide de Chevance, Albrecht, Guédon, Bourdet et Aubry, à fédérer autour de lui le premier cercle de sa future Armée secrète. Son groupe, qui prend le nom de Mouvement de libération nationale, diffuse clandestinement un *Bulletin d'Information et de Propagande,* devenu en juin 1941 un véritable périodique, *Les Petites Ailes.*

En zone occupée, divers groupes se forment à la fin de 1940. Certains diffusent de fragiles journaux, d'autres donnent naissance à des organisations sans lendemain, tels l'Armée des volontaires ou le Mouvement national révolutionnaire formé de socialistes pivertistes et lié à des trotskystes. En septembre 1940, l'ingénieur Ripoche, après avoir diffusé des tracts anti-allemands, regroupe des officiers d'aviation et fonde le mouvement Ceux de la libération (CDDL). Des militaires, comme le colonel Heurteaux, rejoints par des hauts fonctionnaires et des industriels, créent en décembre 1940 un autre mouvement, l'Organisation civile et militaire (OCM).

À l'automne 1940, le jeune ethnologue B. Vildé fonde à Paris le réseau du Musée de l'Homme avec ses collègues A. Lewitzky et Y. Oddon. Disposant d'antennes en province, ils organisent des évasions vers la zone libre. Fin 1940, ils sont rejoints par des enseignants de Béthune et par l'avocat A. Weil-Curiel qui, de son côté, avait fondé un groupe des « Avocats socialistes » avec L. M. Nordmann et Jubineau. Efficacement soutenu par le directeur du Musée, le Pr P. Rivet (ancien dirigeant du Comité de vigilance des intellectuels anti-fascistes), le réseau se transforme en un « Comité national de salut public » et diffuse un périodique, *Résistance,* auquel participent C. Aveline, J. Paulhan et J. Cassou. Première grande tragédie de la résistance, le groupe est décimé en février 1941, suite à une dénonciation, et détruit définitivement en novembre 1942 par l'exécution de ses membres au Mont-Valérien.

Les milieux socialistes du Nord furent le berceau d'autres entreprises. Le maire socialiste de Roubaix, J. Lebas, fédéra, à partir de l'automne 1940, un groupe important qui organisa des évasions vers la Belgique et diffusa un journal *L'Homme libre,* devenu *La Quatrième République* en mai 1941. À Lille, en avril 1941, J. Noutour, fonctionnaire socialiste, fonde avec l'aide du démocrate-chrétien N. Dumez un autre périodique clandestin, *La Voix du Nord.* Considérablement soutenu dans la région, le journal tira bientôt à plusieurs milliers d'exemplaires.

À la fin de 1940, des groupes sont constitués, d'autres se forment, des périodiques clandestins paraissent. Il est pourtant encore difficile de parler d'une résistance, mais plutôt de résistances. Quoi de commun entre ces officiers, ces démocrates-chrétiens, ces anciens de l'Action française, ces intellectuels parisiens et ces socialistes du Nord ? La coordination est inexistante entre ces groupuscules isolés. La population, attentiste, séduite par le discours pétainiste, est le plus souvent hostile. Si la voix du refus commence, ici et là, à se faire entendre faiblement, la structuration et la poursuite de l'action sont difficiles : beaucoup de ces premiers groupes, surtout en zone Nord, sont rapidement détruits. La manifestation parisienne du 11 novembre 1940 symbolise ce timide réveil et cette faiblesse. Depuis la rentrée universitaire, une certaine tension régnait dans les lycées et les universités. À l'approche du 11 novembre, des étudiants comme C. Bellanger ou F. Lescure diffusent des tracts anti-allemands et pro-gaullistes. L'arrestation de l'universitaire sympathisant communiste P. Langevin, le 30 octobre, met le feu aux poudres. Le 11 novembre, une manifestation à l'Arc de Triomphe, largement spontanée et sans cohésion politique, rassemble environ 5 000 étudiants et lycéens. Des échauffourées ont lieu avec les forces allemandes et les arrestations sont nombreuses. Sans véritable conséquence pratique, la manifestation parisienne marque le premier signe d'un réveil de l'opinion.

II. — Naissance de la France libre

1. **L'appel à la résistance.** — Le 17 juin 1940, le maréchal Pétain, président du Conseil, annonce « ... le cœur brisé... qu'il faut cesser le combat ». Le 18 juin, le général de Gaulle, ancien sous-secrétaire d'État dans le gouvernement de P. Reynaud, invite les Français à continuer la lutte. L'appel du 18 juin, suivi par d'autres entre le 19 et le 26, ne met pas en doute la réalité du désastre : la France a bien « perdu une bataille ». Cependant, la défaite n'est que militaire : « Foudroyés aujourd'hui par la force mécanique, nous pourrons vaincre dans l'avenir

par une force mécanique supérieure. » De plus, la guerre est mondiale, la lutte ne fait que commencer et la France n'est pas seule. Avec sa flotte et son empire intacts, elle dispose encore d'atouts appréciables. Dans ces conditions, vouloir arrêter le combat est criminel. L'appel du 18 juin est avant tout l'expression patriotique d'un refus de l'armistice. Il est aussi réflexion sur la défaite par le refus implicite de l'idée d'une décadence morale du pays. De Gaulle signifie ainsi sa volonté de lutter militairement contre l'occupant, mais aussi politiquement contre le gouvernement qui accepte l'armistice.

Si l'appel est sans exclusive, il est évident que de Gaulle recherche le ralliement de responsables civils et militaires, quitte à se placer sous leur autorité. Du 19 au 27 juin, il contacte le général Weygand, ainsi que les chefs de l'Empire : Noguès, commandant en chef en Afrique du Nord, Mittelhauser et Puaux au Levant, Peyrouton en Tunisie, Boisson en AOF et Catroux en Indochine. Seul ce dernier, gouverneur d'une colonie lointaine et fragile, répond favorablement : l'Empire reste fidèle à Pétain. Parmi les troupes stationnées en Angleterre après Narvik et Dunkerque, 7 000 hommes seulement sur près de 130 000 — premier embryon des Forces françaises libres — décident de suivre l'inconnu qu'est alors de Gaulle. Le bilan est aussi sombre du côté des politiques : aucun ministre ne répond à l'appel et à peine deux parlementaires (M. Antier et P.-O. Lapie) gagnent Londres. Au total, quelques militaires (l'amiral Muselier, le général Legentilhomme, les capitaines Leclerc et Kœnig) et des personnalités isolées (R. Cassin, R. Pleven, H. Hauck, G. Boris, G. Palewski, C. Fouchet) répondent à l'appel. Ce qui frappe en définitive, au moment du choix décisif, c'est la grande défaillance des élites.

Malgré ces échecs, de Gaulle, au début d'août 1940, charge Leclerc et Pleven d'obtenir ou de susciter le ralliement de l'Afrique. F. Eboué, gouverneur du Tchad, proclame le premier le ralliement de son territoire le 26 août. Le lendemain, à l'instigation de Leclerc, c'est le Cameroun qui fait sécession. Le 28 enfin, c'est le tour du Congo-Brazzaville où le général de Larminat, au nom de De Gaulle, prend le commandement de « l'Afrique française libre ». En revanche, Boisson, haut-commandant de l'Afrique française et fidèle à Vichy, organise la ferme défense de l'AOF. Les 23, 24 et 25 septembre 1940, une opération anglo-gaulliste échoue devant Dakar, portant, après Mers El-Kébir, un coup sévère au prestige de la France libre. D'autres ralliements ont lieu en août et en septembre : Nouvelle-Calédonie, Nouvelles-Hébrides et Établissements français de l'Inde et de l'Océanie. Alors que de Gaulle installe, le 27 octobre 1940, un Conseil de défense de l'Empire à Brazzaville, un partage de fait s'est opéré : à la France libre l'AEF (la maîtrise du Gabon est assurée en novembre 1940 après des combats fratricides), à Vichy l'essentiel : l'AOF, l'Afrique du Nord, le Levant, les possessions américaines et, théoriquement, l'Indochine.

2. **Vers un gouvernement provisoire.** — La France libre, de simple regroupement informel de volontaires, se transforme rapidement en un organisme à vocation gouvernementale. La nécessité de gérer les territoires ralliés, la conception gaullienne de la résistance (c'est la nation entière que l'on conduit dans la lutte) et le souci d'être reconnu dans la guerre pour être au rang des vainqueurs expliquent ce glissement. L'accord franco-anglais du 7 août 1940 définit le cadre juridique des rapports avec la Grande-Bretagne et assure la subsistance financière du mouvement. Le Conseil de défense de l'Empire permet la gestion des territoires ralliés. Le passage au politique se précise en janvier 1941 avec la création de quatre directions civiles. À partir de février 1941, siège régulièrement, sous la présidence de De Gaulle, une « Conférence administrative », réunion des directeurs civils, du chef d'état-major et des représentants du Conseil de défense. Le pas décisif est franchi avec l'ordonnance du 24 septembre 1941 qui établit un Comité national français, composé de commissaires et présidé par de Gaulle. Même

si les commissaires restent responsables devant le seul président, cette ordonnance tend à rapprocher le fonctionnement de la France libre de celui d'un gouvernement régulier.

Les commissaires de 1941 sont : R. Pleven (Économie), M. Dejean (Affaires étrangères), l'amiral Muselier (Marine), le général Legentilhomme (Guerre), R. Cassin (Justice, Instruction publique), J. Diethelm (Intérieur, Information) et le général Valin (Air). Jusqu'à la formation du CFLN en 1943, cette structure ne sera que légèrement modifiée. En mars 1942, l'amiral Muselier fait sécession. En juillet 1942, A. Philip est le premier représentant de la résistance intérieure à entrer au Comité national (Intérieur), alors que J. Soustelle est nommé commissaire à l'Information. En février 1943, R. Massigli est chargé des Affaires étrangères.

Dans le même temps, la France libre rompt avec Vichy. Le juriste R. Cassin conteste la légalité du vote du 10 juillet 1940 et de Gaulle oppose sa légitimité, fondée sur la conduite de la nation au combat, à l'usurpation de Pétain, fossoyeur de la dignité nationale pour avoir accepté l'armistice. Dès 1940, la France libre refuse de reconnaître les lois de Vichy et pose le principe fondamental de la continuité républicaine de la France[1]. La décision, prise à Brazzaville, en octobre 1940, de soumettre à ratification ultérieure de la nation les ordonnances de la France libre va dans ce sens, tout en renforçant le caractère démocratique du mouvement.

Cette appropriation des attributs d'un État ne facilitait pas les relations avec les alliés. Autant Churchill aurait soutenu sans réserve une légion française refusant l'armistice, autant il se méfiait du développement progressif d'un État. La désillusion gaulliste à Dakar et l'intransigeante indépendance de De Gaulle refroidirent les Britanniques qui organisèrent leurs propres réseaux en France et comptèrent toujours sévèrement leur aide à ceux de la France libre. Les événements de Syrie en 1941

1. Détails significatifs, la France libre se dote d'un *Journal officiel* formellement semblable à celui de la IIIe République et elle reprend la hiérarchie républicaine des normes juridiques.

ou ceux de Madagascar en 1942 donnèrent lieu à de graves brouilles. Cependant, Churchill et de Gaulle surent préserver leurs intérêts communs et jamais la rupture ne fut consommée. Avec les Américains, les relations furent encore plus difficiles. Roosevelt n'éprouvait aucune sympathie pour de Gaulle en qui il voyait un apprenti dictateur. D'une manière générale, la diplomatie américaine s'employa à ménager Vichy et quand les Américains durent utiliser les bases des territoires gaullistes dans le Pacifique, ils ne voulurent reconnaître que des « autorités locales », manière de dénier toute souveraineté à la France libre. Jusqu'en 1944, Roosevelt ne put admettre que le sacrifice de ses soldats permît la prise du pouvoir par un mouvement qui, à ses yeux, ne possédait aucune légitimité. La présence aux États-Unis de personnalités françaises influentes et anti-gaullistes (A. Léger, H. de Kerillis, C. Chautemps) ou opposées à l'idée d'un gouvernement provisoire (J. Monnet) ne facilita pas les choses. Le ralliement de Saint-Pierre-et-Miquelon à la France libre, en décembre 1941, interprété par les Américains comme un geste hostile à leur égard, érigea un mur d'incompréhension entre Américains et Français libres. Les affaires d'Afrique du Nord en 1942/1943, puis la question de la prise du pouvoir en France en 1944 allaient porter au paroxysme cet antagonisme. Avec les Soviétiques, le climat fut meilleur, l'URSS ayant reconnu la France combattante en septembre 1942.

3. L'action et l'orientation politique de la France libre.
En 1940/1941, la France libre est un mouvement faible, dépendant pour presque tout des Britanniques. En mars 1941, les effectifs des services centraux, civils et militaires, ne dépassent pas 450 personnes, médiocrement rémunérées.

L'action première ne pouvait porter que sur la propagande. La BBC, après Munich, avait développé ses émissions en langue étrangère. Son service français, animé par J. Duchesne, P. Bourdan, P. Oberlé et J. Marin, proposa dès juillet 1940 une demi-heure d'émission quotidienne, dont le fameux « Les Français parlent aux Français ». La France libre était beaucoup moins gâtée. M. Schumann, son porte-parole officiel, n'eut droit qu'à trois minutes quotidiennes pour son véhément « Honneur et Patrie ». Le contrôle du service britannique de propagande (le PWE) fut toujours très strict. Les rapports entre le commissariat à l'Information de J. Soustelle et le PWE, et même avec l'équipe française de la BBC, furent délicats. Conflits et censures à vrai dire peu perceptibles pour l'auditeur français qui voyait dans « radio Londres » la voix de la France libre.

À l'étranger, le corps diplomatique, dans sa grande majorité, a choisi Vichy. Toutefois, au sein des communautés françaises, naissent dès juin 1940 des « Associations France quand même » ou des « Comités des Français libres ». Le travail de ces hommes peu connus (de Benoîst en Égypte, E. Haudry aux États-Unis) fut précieux dans la conquête des opinions publiques. Sur une idée de J. Soustelle, la France libre installa à l'étranger des « délégations » (G. Médioni à Mexico, A. Tixier à Washington) qui furent autant d'ambassades officieuses. En liaison avec le commissariat à l'Information, elles firent connaître la France libre et diffusèrent divers périodiques : *France For Ever* d'H. Laugier à New York, *France Orient* au Caire ou *14 Julio* à Mexico. Le commissariat à l'Information assurait lui-même la diffusion de publications *(La Lettre de la France combattante, Les Cahiers français)* et disposait d'un poste radioémetteur à Brazzaville. En 1943, une trentaine de pays avaient reconnu diplomatiquement la France libre.

La liaison avec la résistance intérieure fut l'autre grande priorité. Cette tâche fut confiée au Deuxième bureau, dirigé par le capitaine Dewavrin-*Passy,* un polytechnicien rescapé de l'expédition de Norvège. En octobre 1941, ce service prit le nom de Bureau central de renseignements et d'action militaire (BCRAM). Organisme inédit, il devait collecter le renseignement militaire, mais aussi politique et économique et entrer en contact avec les réseaux de résistance. À terme, il devait alimenter, coordonner et diriger l'action clandestine en France. Il ne pouvait que se heurter aux Britanniques qui disposaient de leur propre service « action » en Europe occupée (le Special Operations Executive (SOE) du major Buckmaster) et qui, méfiants envers ces non-professionnels, prétendaient diriger les opérations. Le BCRAM, devenu BCRA à l'été 1942, défendait quant à lui son indépendance qui n'était autre, en cette matière, que celle de la France libre. Il fallut négocier pied à pied le traitement des informations et l'obtention du matériel (en février 1941, le service de Passy ne dispose que de trois postes radio-émetteurs, total porté à une douzaine à la fin de l'année). Un accord finit par intervenir avec les Britanniques qui, parmi les informations provenant de France, renoncèrent à se mêler des affaires présentant « un caractère strictement français ».

L'orientation politique du mouvement constitua une source de difficultés, tant avec la résistance qu'avec les alliés. Dans un premier temps, le général de Gaulle avait limité ses attaques contre Vichy aux seuls domaines de la souveraineté et du patriotisme. Cette orientation, associée à l'emprise britannique et à la diversité politique de l'entourage, contribua à donner de la France libre une image tenace de groupement pro-anglais et réactionnaire. Au moment des premiers contacts, une méconnaissance réciproque engageait de nombreux résistants à se méfier de l'équipe gaulliste jugée trop « à droite ». De fait, à Londres, au sein même de la France libre, conflits et dissidences ne furent pas rares.

Des socialistes (G. Gombault, P. Comert), regroupés dans un « Cercle Jean-Jaurès » et liés aux travaillistes britanniques, diffusent la revue *France* et s'inquiètent du caractère « réactionnaire » de De Gaulle. Après des heurts avec d'autres socialistes (Brossolette, Philip) favorables à de Gaulle, ils sont condamnés en 1942 par le Parti socialiste clandestin qui se rallie à la France libre. A. Labarthe, directeur de la revue *La France libre* (revue par ailleurs fort bien tenue, en particulier grâce à la collaboration de R. Aron) anime une opposition encore plus radicale. Labarthe dénonce pêle-mêle l'absence de légitimité, l'autoritarisme et le cléricalisme de De Gaulle. L'amiral Muselier, lui aussi en rupture de plus en plus ouverte pour des motifs où les ambitions personnelles et corporatives (la marine qu'il dirige prétend avoir la haute main sur le BCRAM) ne sont pas absentes, se rapproche de Labarthe. Ils provoquent, au printemps 1942, la première dissidence anti-gaulliste au sein de la France libre. En 1943, ils choisissent le camp giraudiste.

L'action de républicains sincères, comme R. Cassin, ou de socialistes, comme G. Boris, P. Brossolette ou P. Bloch, devait dissiper peu à peu les équivoques. Le rapprochement avec la résistance intérieure, chaque jour plus marquée « à gauche » par son engagement anti-vichyste, appelait une clarification. En 1942, les voyages à Londres de C. Pineau, d'H. Frenay ou d'E. d'Astier, pour la résistance, de F. Gouin, de P. Mendès France et d'A. Philip, pour les partis politiques, de même que le soutien épistolaire de L. Blum et de G. Mandel, amenè-rent de Gaulle à préciser sa position. Il rédigea, en juin 1942, une importante déclaration à l'attention de la résistance intérieure. Il y rappelait l'importance première et fondamentale du combat patriotique, mais, tout en condamnant sévèrement la IIIe République, il faisait éga-lement siennes les aspirations à une profonde rénovation politique et sociale : « Le peuple français s'assemble pour une révolution. » Le 14 juillet 1942, pour signifier l'union avec la résistance intérieure, la France libre prenait le nom de France combattante.

III. — Le Parti communiste
jusqu'en juin 1941

1. **Effondrement et reconstruction.** — Pour com-prendre les ressorts profonds de l'attitude communiste en 1940-1941, il faut remonter au pacte germano-soviétique du 23 août 1939. Depuis 1938, après deux années de forte croissance, le PCF est en recul sur tous les tableaux. Ce recul se transforme en effondrement après la signature du pacte. Celui-ci résonne comme un coup de tonnerre dans l'univers communiste français. Les consciences militantes sont ébranlées, les effectifs fon-dent, un tiers des parlementaires renie le Parti. Après

l'invasion de la Pologne par l'URSS, le gouvernement Daladier, par le décret-loi du 26 septembre 1939, interdit le Parti communiste. Des centaines de cadres et d'élus du Parti subissent l'internement administratif. La CGT se joint à la campagne anticommuniste : le 25 septembre 1939, les réformistes (« confédérés ») font voter l'exclusion des communistes (« unitaires ») qui ne désavoueraient pas le Pacte et ses conséquences. De septembre 1939 à juin 1940, le PCF connaît les heures les plus noires de son existence. Dans les régions où son implantation est fragile ou récente, il cesse d'exister en tant qu'organisation. Même dans ses bastions (Nord, région parisienne), il est à terre, d'autant que la mobilisation achève de le désorganiser. L'effondrement n'est cependant pas absolu. Si la grande masse des militants a déserté (surtout la génération du Front populaire), le noyau dur de l'appareil a tenu le choc. Seuls ces militants chevronnés, qui forment un monde très réduit mais aussi très homogène, ont accepté de comprendre et de défendre la diplomatie soviétique.

Après la défaite, la reconstruction du Parti est spectaculaire. La direction nationale se reforme rapidement. Après septembre 1939, les dirigeants nationaux s'étaient dispersés : Marty à Moscou, rejoint par Thorez qui déserte en novembre 1939, Duclos et Tréand à Bruxelles auprès du Komintern, Frachon et la direction parisienne repliés en province. Si Thorez reste à Moscou, Duclos et Frachon parviennent, dès l'été 1940, à reconstituer à Paris une direction nationale. Les relations entre les départements et le « Centre » sont rétablies en septembre. La reprise des liaisons ferroviaires joue un rôle important dans cette renaissance grâce à l'action de militants cheminots. De même, des communistes du Nord, comme Martha Desrumaux, organisent entre la France et la Belgique (et donc le Komintern) des réseaux d'information et d'évasion. Dans le même temps, le Parti doit profondément réviser ses règles d'organisation. Dès septembre 1939, le PCF a fait l'expérience de la clandestinité.

Au moment où le Parti se reconstitue, le nombre limité des militants et les contraintes accrues de la clandestinité imposent de nouvelles règles de fonctionnement. Une structure très cloisonnée, reposant sur des groupes de trois militants, remplace l'organisation traditionnelle en cellules. Le retour des mobilisés permet de reconstituer en partie les effectifs. S. Courtois estime à 10 000, en septembre 1940, le nombre des militants : c'est peu (5 % des effectifs de 1939) et beaucoup à la fois, si l'on considère que le PCF est, à cette date, la seule force politique constituée du pays. Au même moment, les Chambres ne sont plus réunies, les autres partis ont disparu, les syndicats sont interdits.

2. **La politique communiste de 1939 à 1941.** — La direction nationale maintient, jusqu'à l'invasion de l'URSS en juin 1941, la ligne politique adoptée au lendemain du pacte germano-soviétique. Cette ligne, dont le fondement ultime est la défense de l'URSS, s'articule autour de quelques thèmes majeurs, inlassablement répétés par *L'Humanité* clandestine : la guerre engagée est une guerre impérialiste dans laquelle les travailleurs français n'ont pas leur place ; les politiciens français et anglais, par leur refus d'une véritable alliance avec l'URSS, portent une responsabilité écrasante dans le déclenchement de la guerre et dans la déroute ; la seule lutte légitime est la lutte révolutionnaire et non la pseudo-résistance des gaullistes, jouets du capitalisme britannique. Le PCF, fidèle aux directives de Moscou, évacue la dimension nationale, s'éloigne de la ligne anti-fasciste et ressuscite le discours « classe contre classe » d'avant 1934. Dans ces conditions, les relations avec l'occupant allemand sont ambiguës. Si le régime de Vichy est condamné immédiatement et sans nuance par *L'Appel au peuple de France* du 10 juillet 1940[1], le régime nazi n'est pas réfuté. Bien plus, à la même date, *L'Humanité* clandestine appelle à une frater-

---

1. *L'Appel* est en fait antidaté ; il fut probablement rédigé fin juillet / début août 1940.

nisation avec les soldats allemands et des dirigeants nationaux, tel Duclos, engagent des démarches auprès de la Propaganda Staffel visant à obtenir une reparution légale du quotidien. De fait, la situation des communistes varie beaucoup d'une zone à l'autre. En zone sud, le régime de Vichy, accentuant la législation de Daladier, entreprend immédiatement une féroce répression. En zone occupée, les Allemands restent réservés, voire conciliants : ils font libérer, en juillet 1940, des centaines de militants communistes. Dans la zone rattachée au Commandement de Bruxelles (Nord et Pas-de-Calais), les Allemands sont encore plus prudents, soucieux de préserver la production charbonnière. E. Dejonghe cite le cas des premières grèves de mineurs, dans le Nord, à la fin de 1940, au cours desquelles les autorités allemandes sont heureuses de se poser en arbitre entre ouvriers et patrons. Cette attitude reste toutefois fragile, les Allemands étant toujours prêts à basculer dans la répression, comme le montre la grande vague d'arrestations de l'automne 1940.

La ligne révolutionnaire et anti-vichyste connaît des infléchissements tactiques. S. Courtois montre que, dans un premier temps (juin/septembre 1940), le Parti croit pouvoir rééditer le coup bolchevik de 1917 avec la bienveillante neutralité des Allemands et l'appui à distance de l'URSS. Le mot d'ordre est alors la prise du pouvoir. Peine perdue, les Allemands, misant sur Vichy, n'ont pas l'intention de promouvoir un régime communiste. À partir de l'automne 1940, sous l'impulsion de Frachon, l'action syndicale devient la nouvelle priorité. Les grandes difficultés de ravitaillement et la dureté d'un patronat qui n'en finit pas de régler les comptes de 1936 constituent d'ailleurs un terrain favorable. Le PCF organise des marches de ménagères, multiplie les tracts et les papillons. Frachon organise des « comités populaires » qui, dans certaines entreprises, mènent une véritable guérilla, toujours dirigée contre le patronat et Vichy, jamais contre les Allemands. Quand le Parti se sent suffisamment fort (à la fin de 1940 et dans ses bastions), il lance même des grèves.

   3. **Vers le Front national.** — À la charnière de 1940 et de 1941, divers indices montrent pourtant que la ligne officielle ne fait pas l'unanimité. Dans le Limousin,

Guingouin appelle explicitement à la lutte anti-nazie. À Paris, des étudiants de la Jeunesse communiste participent à la manifestation patriotique à l'Arc de Triomphe du 11 novembre. À Brest, on signale, en novembre, des graffiti « Thorez au pouvoir, vive de Gaulle ! ».

Des personnalités importantes du Parti (Tillon à Bordeaux, Ouzoulias à Paris, Marcel-Paul en Bretagne) rassemblent des groupes de résistants. Des intellectuels comme G. Politzer (qui rédige *Révolution et contre-révolution au XX*e *siècle* en février 1941) ou G. Péri (*Non, le nazisme n'est pas le socialisme,* avril 1941) expriment la persistance de la sensibilité anti-fasciste. L'évolution politique du périodique clandestin *L'Université libre* résume ces dissensions. Lancée à l'automne 1940 par les intellectuels communistes G. Politzer, J. Solomon et J. Decour, la revue adopte d'abord un ton patriotique et anti-fasciste. À partir de janvier 1941, suite à une reprise en main par le « Centre », elle condamne la guerre impérialiste et le gaullisme, inféodé au capitalisme anglo-saxon. Après juin 1941, elle exalte la lutte soviétique et dénonce le nazisme.

Ces dissensions ne provoquent pourtant ni scission, ni tendance ; elles expriment tout au plus le malaise de militants « anti-fascistes viscéraux ». Le succès de la grève des mineurs du Nord souligne paradoxalement l'inconfort croissant de la position communiste. L'agitation dans le bassin, à l'instigation du militant communiste M. Brulé, avait commencé à l'automne 1940, sur la base de revendications strictement sociales. Le conflit rebondit au printemps suivant. Du 28 mai au 9 juin 1941, les 100 000 mineurs du Nord, encadrés par des militants communistes, défient patronat et occupant. La grève est remarquable par son organisation et son unité. Elle l'est aussi par son retentissement. Pour beaucoup de Français, l'action des mineurs est avant tout patriotique, antiallemande. Les dirigeants communistes, nationaux ou locaux, comme A. Lecœur, se retrouvent alors devant la délicate nécessité de minorer la portée de la grève et de la replacer dans le cadre de strictes revendications sociales. Le PCF venait quoi qu'il en soit de faire la preuve de la solidité de son implantation et de sa capacité d'organisation.

Le risque d'isolement et surtout l'attaque hitlérienne dans les Balkans — qui provoque un durcissement anti-allemand de Staline — conduisent le PCF à un nouvel aménagement tactique. Suivant la nouvelle doctrine du Komintern qui considère désormais (fin avril 1941) que la guerre peut revêtir un caractère national légitime, le PCF charge G. Marrane, au milieu de mai 1941, de constituer, sur le modèle des fronts anti-fascistes d'avant-guerre, un « Front national de lutte pour l'indépendance de la France » fédérant toutes les oppositions à Vichy.

C'est cependant l'invasion de l'URSS qui offre au PCF l'occasion de la clarification décisive. Du jour au lendemain, le Parti abandonne ses références à la guerre impérialiste et appelle à la constitution d'un large front anti-fasciste et anti-allemand. Bien que conçu dans une optique différente, le Front national offre une structure idéale à pareil projet.

Chapitre II

LES MOUVEMENTS JUSQU'À LA FIN DE 1942

L'image traditionnelle d'une résistance de zone Sud vouée à la propagande et d'une résistance de zone Nord spontanément engagée dans la lutte militaire paraît devoir être révisée. Certes, la présence des Allemands au Nord suscite des réactions patriotiques violentes et rend la répression immédiate et féroce. De même, la situation en zone Sud, du moins pour les non-communistes et jusqu'en 1942, est moins périlleuse et la Révolution nationale constitue une réalité que nul ne peut ignorer. Il semble, pourtant, que les deux résistances aient suivi la même évolution, privilégiant, jusqu'au début de 1942, l'action politique et la propagande à la lutte armée qui, dans tous les cas, apparaît comme le résultat d'une lente maturation. Il semble même que, si l'on excepte les communistes de zone Nord, les résistants de zone Sud aient été à la pointe du passage à la lutte armée.

I. — La zone Sud

Trois principaux mouvements de résistance émergent en zone Sud en 1941/1942 : Combat, Libération et Franc-Tireur.

Frenay a fondé le MLN, en 1940, en privilégiant deux domaines d'action. À long terme, il ambitionne la création d'une Armée secrète. Il noue ainsi des contacts étroits avec des officiers du Deuxième bureau de l'armée de l'armistice. L'Armée secrète, strictement cloisonnée, est divisée en trentaines et en sizaines. Elle demeure, jusqu'en 1942, un cadre plus théorique que réel. Dans l'immédiat, la lutte porte sur la propagande et le renseignement. *Les Petites Ailes,* devenu *Vérités* en août 1941, entend informer l'opinion de zone Sud de la réalité de la situation militaire et du pillage de la France par les Allemands. À la fin de 1941, le MLN comprend trois branches : l'Armée secrète, le renseignement et la propagande, qui diffuse *Vérités.* Fort à l'origine dans le Sud-Est, le mouvement essaime dans toute la zone Sud et dispose d'une antenne en zone Nord, animée par Froment et Guédon.

Le petit groupe constitué autour de De Menthon attache autant d'importance à la propagande. Son journal, *Liberté,* publié à Marseille avec les démocrates-chrétiens R. Courtin, P.-H. Teitgen et A. Coste-Floret, se place sur le plan intellectuel, dénonçant le défaitisme et le nazisme. Le groupe de *Liberté* est renforcé, à Montpellier, par l'adhésion de Renouvin et de ses « groupes francs » qui, à partir de l'été 1941, mènent les premières actions violentes en zone Sud : sabotages et surtout attentats contre les partisans de l'Allemagne, militants doriotistes du PPF en tête. Renouvin et son adjoint F. Paloc recrutent parmi des étudiants de Montpellier, des ouvriers de Sète et des réfugiés républicains espagnols rassemblés par le socialiste A. Tixador.

En novembre 1941, les organisations de Frenay et de De Menthon fusionnent, créant le Mouvement de libération française, plus connu sous le nom de son périodique, *Combat,* lui-même fusion de *Vérités* et de *Liberté.* Au début de 1942, Combat est le plus puissant et le plus structuré des mouvements de résistance. Il est dirigé par un comité directeur composé de H. Frenay, C. Bourdet, M. Chevance, F. de Menthon, P.-H. Teitgen, A. Coste-Floret. Plus tard, R. Roure et G. Bidault le rejoindront. Sa structure s'articule autour de deux branches : l'Action (renseignement, Armée secrète et « groupes francs » de Renouvin) et le ROP (Recrutement-Organisation-Propagande) chargé de la diffusion de *Combat,* tiré à 80 000 à la fin de 1942. Peu à peu, de nouveaux services renforcent l'organisation : services financier et social (B. Albrecht), NAP (Noyautage des administrations publiques, C. Bourdet à Lyon), services des maquis (M. Brault-*Jérôme*), des faux papiers (A. Bollier), des relations extérieures (G. de Bénouville), Action ouvrière (M. Degliame ; lutte contre la Relève puis le STO), sabotage-fer *(Lacroix).* Au milieu de 1942, ce sont ainsi pas moins de 150 militants, plongés dans la clandestinité, auxquels s'ajoutent quelques milliers de combattants potentiels de l'Armée secrète. Sur le plan régional, les principaux chefs sont Pecq à Lyon, Michelet à Limoges, Chevance à Marseille, Courtin à Montpellier et Dhont à Toulouse.

E. d'Astier de La Vigerie, ancien officier de marine, épris d'action, ne se résigne pas à l'armistice. À l'été 1940, à Port-Vendres, il échafaude des plans militaires fantastiques, exprimant bien ce besoin de « faire quelque chose » des premiers résistants. Peu à peu, son projet se précise. En novembre 1940, à Clermont-Ferrand, il entre en contact avec le philosophe J. Cavaillès, l'ingénieur R. Aubrac et sa future épouse, la professeur d'histoire Lucie Aubrac et G. Zérapha d'*Esprit,* et fonde « La Dernière colonne », organisation qui placarde des tracts appelant au refus de l'armistice et à la résistance. L'ambition de d'Astier est de bâtir un mouvement qui serait le point de rencontre des syndicalistes, des socialistes et des communistes. Il rencontre ainsi les syndicalistes L. Jouhaux et G. Buisson, pour la CGT, et Y. Morandat, pour la CFTC. Il se lie dès le début de 1941 aux socialistes qui, derrière D. Mayer, F. Gouin et H. Ribière, entreprennent de reconstruire leur parti autour d'un Comité d'action socialiste (le CAS, fondé en mars 1941 à Nîmes). En juillet 1941, à Clermont-Ferrand, d'Astier fonde Libération. Les liens avec les syndicalistes de la CGT sont solides : en décembre 1941,

Libération lance un *Appel aux travailleurs,* qui condamne la Charte du travail de Vichy, et Forgues (CGT), remplacé plus tard par R. Lacoste, est admis dans son comité directeur. Bien que le CAS invite ses membres à adhérer à titre personnel à Libération, les rapports avec les socialistes sont plus délicats. Il faut attendre mai 1942 pour voir P. Viénot (qui sera remplacé par A. Laurent) entrer au comité directeur et jamais l'influence socialiste à l'intérieur du mouvement ne sera égale à celle exercée à Libération-Nord. En octobre 1942, le comité directeur comprend E. d'Astier, R. Aubrac, Brunschwig, P. Viénot (CAS), R. Lacoste (CGT) et M. Poimbœuf (CFTC). Les principaux chefs régionaux sont Canguilhem à Clermont-Ferrand et Forgues à Toulouse.

Libération se différencie de Combat par sa structure plus légère. On retrouve la même division entre l'action para-militaire (Aubrac) et l'action politique (Brunschwig), dont la mission essentielle est la diffusion de *Libération,* le périodique clandestin du mouvement, tiré à 35 000 exemplaires en 1942. Cependant, les groupes « militaires » de Libération ne peuvent rivaliser avec l'Armée secrète de Combat. En fait, Libération est un mouvement avant tout politique, exprimant un refus de Vichy beaucoup plus radical que Combat et s'affirmant chaque jour plus révolutionnaire et plus marqué à gauche. Alors que Frenay rêve de former des militants spécialisés et hiérarchisés, d'Astier pense que le rôle des résistants est de susciter et d'encadrer un soulèvement populaire.

À Lyon, à la fin de 1940, des patriotes venus d'horizons très différents (Valois, ancien de l'Action française, E. Péju, ex-communiste, A. Avinin de Jeune République) fondent France-Liberté. Le mouvement entreprend des actions diverses : placardage d'affiches, envoi de tracts à des hauts fonctionnaires, chahuts dans les cinémas au moment des actualités. Au début de 1941, J.-P. Lévy s'associe au groupe et élargit son activité à toute la zone Sud. En décembre 1941, paraît le premier exemplaire de *Franc-Tireur,* périodique clandestin qui devient l'emblème du mouvement. Franc-Tireur recrute également des journalistes lyonnais (en particulier parmi la rédaction du *Progrès*) : G. Altmann, Y. Farge ou J. Nocher. En mars 1942, E. Péju ressuscite *Le Père Duchesne,* premier (et éphémère, puisqu'il disparaît dès octobre) journal satirique de la résistance. Franc-Tireur diffuse également *La Revue libre* mais ne limite pas pour autant son action à la propagande. Recrutant dans toute la zone Sud, il constitue des groupes francs qui organisent des attentats le 11 novembre 1942. Le comité directeur de Franc-Tireur est composé en 1941 de J.-P. Lévy, A. Avinin, E. Péju, N. Clavier et A. Pinton, auxquels s'ajoutent G. Altmann et E. Petit-*Claudius* en 1942.

D'autres groupes encore se forment en zone Sud. À Lyon, M. Fugère et P. Stibbe, anciens du Parti socialiste ouvrier et paysan (PSOP, section dissidente pacifiste et anti-fasciste de la SFIO, créé en 1938 par M. Pivert et L. Vaillant), réactivent les réseaux du PSOP et fondent *L'Insurgé,* périodique qui se maintient à 30 000 exemplaires jusqu'en 1942. Anti-pétainisme et anti-capitalisme sont les orientations dominantes de ces socialistes pivertistes. À Toulouse, S. Trentin, réfugié socialiste italien, groupe autour de *Libérer et Fédérer* (n° 1 en juillet 1942) des socialistes (J. Moch, V. Auriol), des intellectuels anti-fascistes (J. Cassou, V. Jankelevitch) ou communistes (G. Friedmann). Le journal, prétendant dépasser les divisions de la France d'avant-guerre, associe anti-fascisme et projet fédéraliste. *Libérer et Fédérer* se développe essentiellement dans le Toulousain, le Tarn et le Gers. À Lyon, des radicaux et des francs-maçons diffusent *Le Coq enchaîné* qui insiste sur la défense de l'idée républicaine (il prend ainsi, contre Vichy, la défense de l'école laïque). À Saint-Étienne, J. Nocher fonde *Espoir,* d'inspiration républicaine. À Marseille, les socialistes locaux, autour de G. Defferre et de F. Gouin, créent des groupes de combat (groupes « Veni », puis « La France au combat »). Ces groupes s'associent au réseau Brutus, fondé en janvier 1941 par l'officier de réserve P. Fourcaud. Brutus, à l'origine très marqué à droite, est progressivement investi par les socialistes (E. Thomas, F. Gouin, A. Bayer). Il est solidement implanté à Lyon, Marseille et Toulouse et associe renseignement, action violente et propagande.

Temps nouveau, le périodique démocrate-chrétien lyonnais, finit par être interdit à l'été 1941. Le R.P. Chaillet lance alors un périodique clandestin, *Les Cahiers du Témoignage chrétien,* qui reprend les mises en garde anti-nazies de *Temps nouveau,* tout en dénonçant fermement l'antisémitisme de Vichy. *Les Cahiers* tirent à 50 000 exemplaires en 1942. Ils peuvent compter sur une partie des lecteurs de la revue *Esprit* d'E. Mounier qui, après avoir été séduit par Pétain, s'en est éloigné au point de voir sa revue interdite par Darlan en août 1941. Dans la même mouvance chrétienne, G. Dru, catholique et socialiste, influencé par la pensée de Péguy, fonde à Lyon, avec un petit groupe de l'ACJF/JEC (Domenach, Gortais, Mandouze), *Les Cahiers de notre Jeunesse.* Ce groupe est à l'origine de l'organisation des Jeunesses chrétiennes combattantes en 1943. À Lyon toujours, prend naissance France d'abord, mouvement qui se développe dans la vallée du Rhône, associant comme Combat, mais à une échelle bien moindre, la propagande (avec les périodiques *Paroles françaises* et *Le Journal de Minuit*) et l'action para-militaire (constitution de groupes francs les « Templiers »).

La force du mythe Pétain dans cette France restée « libre » contraignait la résistance à privilégier la propagande. Avant de songer à la reprise du combat, il fallait gagner une opinion largement acquise au défaitisme et à l'attentisme. Les succès furent lents à venir. Il faut attendre 1942 pour voir la résistance capable d'organiser des manifestations de masse. Le 1er mai et, plus encore, le 14 juillet 1942, se formèrent d'importants cortèges dans les grandes villes de zone Sud, à l'appel des mouvements et de la France libre. L'invasion de la zone sud par les Allemands, en novembre 1942, interdisaient ces manifestations tout en posant le problème de l'action violente.

II. — La zone Nord

Dès l'automne 1940, la zone Nord voit la multiplication de mouvements nombreux et fragiles. On a déjà cité (chap. I) les Bataillons de la mort, l'Armée des volontaires et le Mouvement national révolutionnaire (trois groupes très vite anéantis) et les premiers périodiques clandestins parisiens *(Pantagruel, L'Arc, Valmy)*. Sur les ruines de *Valmy*, Renet-*Destrée* crée le mouvement Résistance qui publie un périodique du même nom. À Paris, les milieux lycéens et universitaires donnent naissance à divers groupes. Deux étudiants, J. Lusseyran et J. Oudin, réunissent les « Volontaires de la liberté » qui recrutent dans les grandes écoles. Des intellectuels et des universitaires, comme J.-P. Sartre, fondent « Socialisme et liberté ». Le plus solide de ces mouvements est Défense de la France. Fondé par des étudiants (P. Viannay, R. Salmon, Jurgensen), aidé par l'industriel M. Lebon, le mouvement édite dans les caves de la Sorbonne un périodique *(Défense de la France),* organise des évasions vers la zone sud et entreprend la fabrication de faux papiers. Plutôt marqué à droite et, à l'origine, méfiant envers le gaullisme, Défense de la France connaît une audience importante parmi les étudiants parisiens.

En province, ce sont des dizaines de groupes de taille moyenne qui se constituent, rayonnant sur une région ou sur une ville. Ces organisations confondent le plus souvent activités de renseignement et de propagande.

À Nancy, N. Hobam, l'instituteur M. Leroy et le colonel Granval fondent le mouvement Lorraine qui attire nombre de fonctionnaires et de gendarmes. D'abord fort à Nancy, Lorraine étend peu à peu ses ramifications dans tout l'Est. En 1943, il se rattache à Ceux de la résistance (CDLR), tout en conservant son autonomie. À Angers, V. Chatenay et T. Poupot fondent Honneur et Patrie qui se place très vite sous l'autorité du BCRA (Angers-HP). Au Havre, G. Morpain, P. Garreau et J. Hamon organisent à la fin de 1940 un réseau de renseignement et de récupération d'armes. Le groupe est décimé en avril 1941. Les survivants continuent la lutte en l'orientant davantage vers la propagande *(L'Heure H)* et vers la production de faux papiers. Toujours au Havre, deux adolescents, J. Maltrud et L. Pellerin, distribuent en juillet 1941 des tracts signés « Le Vagabond bien-aimé », avant d'éditer un véritable périodique, *Le Patriote*. En Alsace, C. Bareiss fonde en janvier 1941 un groupe militaire, lié à l'armée de Vichy, mais rapidement anéanti.

Cinq principaux mouvements finirent par s'imposer en zone Nord : Ceux de la résistance (CDLR), Ceux de la libération (CDLL), l'Organisation civile et militaire (OCM), Libération-Nord et le Front national.

R. Guédon et P. de Froment diffusaient en zone occupée le *Bulletin* de Frenay. Ils eurent l'idée d'en faire un véritable périodique, sur le modèle des *Petites Ailes du Nord et du Pas-de-Calais* qu'éditait dans le Nord le commandant Mulliez (l'idée et le titre furent repris au sud par Frenay). Ils fondèrent un premier mouvement, plutôt hostile au gaullisme, qui prit le nom d'Organisation nationale de la résistance. Ce mouvement fut décimé par de nombreuses arrestations, dont celles de Guédon et d'Ingrand et il ne resta bientôt plus que Lecompte-Boinet de l'équipe initiale. Celui-ci, aidé par Arrighi et de Voguë, réorganisa le mouvement qui prit en 1943, après une tentative infructueuse de fusion avec Combat, le nom définitif de Ceux de la résistance. CDLR étendit ses ramifications en province, en particulier en Normandie, en Champagne et en Lorraine où il obtint l'intégration de Défense de la Patrie et de Lorraine. En revanche, Défense de la France refusa la fusion, malgré des instructions de Londres. CDLR réunit des groupes francs et des réseaux de renseignement.

À l'automne 1940, l'ingénieur Ripoche organisa avec des officiers du SR de l'Air de Vichy un groupe spécialisé dans le renseignement et les évasions. Devenu Ceux de la libération, le mouvement recruta parmi des anciens du PSF et des officiers affichant un strict apolitisme. L'hiver 1942/1943 fut terrible et provoqua une profonde mutation. Une tragique hécatombe emporta les chefs : Ripoche, puis Coquoin-*Lenormand,* Védy-*Médéric* et le colonel Ginas furent arrêtés. Des premiers dirigeants, seul A. Mutter survécut à la guerre. De plus, l'invasion de la zone Sud privait CDLL de ses appuis. Au début de 1943, il dut se rapprocher du BCRA et s'associer aux corps-francs Vengeance, autre ancien réseau du SR-Air. Disposant d'appuis parmi les fonctionnaires et les officiers (Ginas offrit les services de transport de la Croix-Rouge), CDLL se spécialisa dans le renseignement. CDLR et CDLL constituent de parfaites illustrations d'une résistance de zone Nord essentiellement tournée vers l'action para-militaire.

J. Arthuys, officier devenu industriel et ancien dirigeant du Faisceau (le groupuscule fasciste de G. Valois), diffuse à l'été 1940 ses *Lettres aux Français* qui réfutent l'armistice. Avec les colonels Heurteaux et Touny (du 2e Bureau), il recrute parmi les amicales d'officiers et les anciens militants du Mouvement des classes moyennes. Sous couvert de travailler à l'élaboration d'une Charte du travail, ces militaires organisent un premier réseau de renseignement et d'évasion. Il sont rejoints, en décembre 1940, par d'anciens militants de la Confédération des travailleurs intellectuels, comme M. Blocq-Mascart et Sainte-Laguë. Les deux groupes s'unissent et forment l'OCM. L'OCM se caractérise par son influence auprès d'industriels, de hauts fonctionnaires et de membres des professions libérales. P. Lefaucheux (directeur de la Cie de construction des fours), J.-H. Simon (avocat au Conseil d'État), J. Rebeyrol (avocat) ou encore A. Lepercq (président du Comité d'organisation des houillères) rejoignent l'OCM qui peut compter ainsi bon nombre de complicités, souvent de haut rang, dans divers ministères.

Après l'arrestation d'Arthuys, en décembre 1941, l'OCM est dirigée par le colonel Touny (lui-même arrêté en février 1944), avec Blocq-Mascart pour adjoint civil. Les activités sont diversifiées. L'action militaire (renseignement, évasions, groupes francs) est privilégiée : on estime à plusieurs milliers le nombre de volontaires en 1942. La propagande et la réflexion ne sont cependant pas négligées. L'OCM forme des cercles d'études économiques et politiques qui éditent *Les Cahiers de l'OCM* et *Avenir* et qui influencent le CGE. L'organisation tisse sa toile sur la plupart des départements de zone Nord. Forte de ses liens avec la France libre, établis par Rémy et Brossolette, elle prétend, en vain, unifier dès 1941 la résistance de zone occupée sous sa bannière.

Autant CDLR et CDLL se proclament apolitiques et l'OCM peut faire figure de mouvement conservateur, autant Libération-Nord se signale par l'emprise de militants syndicalistes et socialistes. À l'origine du mouvement, on trouve le journal que fait paraître C. Pineau, fonctionnaire au ministère du Ravitaillement. Dans un premier temps, Libération est dominé par des syndicalistes de la CGT (C. Pineau, A. Gazier, R. Lacoste, C. Laurent) et de la CFTC (G. Tessier). Après le départ pour Londres de Pineau, en avril 1942, les socialistes prennent le contrôle de Libération, avec J. Texcier, L. Vallon et H. Ribière.

M. Sadoun décrit cette conquête socialiste en soulignant le travail de militants, comme Van Wolput dans le Nord, qui œuvrent conjointement à la renaissance de la SFIO et à l'implantation de Libération. Après 1942, la carte de Libération correspond à celle des lignes de force de la SFIO d'avant-guerre. Libération est fort dans le Nord (où la concurrence militaire de l'OCM l'oblige à se spécialiser dans le renseignement et où le groupe de *La Voix du Nord* l'a rejoint) et dans l'Ouest et le Centre (où, avec les généraux Lugand, Audibert et Challe, il dirige les forces militaires unies de la résistance). En revanche, il est faible dans l'Est. Malgré l'adhésion de Cavaillès, les liens restent lâches avec Libération-Sud.

Libération développa une double activité. La propagande était assurée par la diffusion de *Libération,* tiré à 50 000 exemplaires en 1942. Les éléments militaires étaient plus faibles, au point que Rémy accusait Libération d'être un mouvement « bavard ». Des progrès furent cependant obtenus à partir de 1943, en particulier grâce au colonel Zarapoff promu à la tête des forces militaires.

Le Front national fut créé par le PCF en mai 1941 et, comme le Parti avant guerre, il fut surtout influent en zone occupée. Il avait officiellement vocation à réunir des patriotes de toutes origines. Ainsi, des communistes y côtoyaient des dirigeants de mouvement (Y. Farge), des radicaux (J. Godart), des démocrates-chrétiens (G. Bidault), des conservateurs (L. Marin, J. Debû-Bridel) et même des anciens du PSF (J. Bounin) et des ecclésiastiques (Mgr Chevrot). En fait, derrière cet œcuménisme de façade, les communistes occupaient tous les postes de responsabilité. Deux comités directeurs (dirigés par P. Gunsberger-*Villon* au nord et G. Marrane au sud) assuraient la coordination.

Une presse abondante (chap. VI) permettait la diffusion de la propagande. Le Front national multiplia les comités sectoriels : il y eut les Fronts des écrivains, des médecins, des avocats, des commerçants... Quoi qu'en dît le PCF, les Forces unies de la jeunesse patriotique (FUJP) et, plus encore, l'Union des femmes françaises avaient toutes les apparences d'organisations satellites sous son influence.

Mêlant jacobinisme et activisme, le PCF utilisait le Front national pour pénétrer la résistance. Aussi des réactions d'hostilité se manifestèrent chez certains résistants de la première heure, en particulier à Combat et à l'OCM. En 1943, C. Bourdet résumait brutalement cette méfiance : « Toute leur place aux communistes, mais pas toutes les places. » Quoi qu'il en soit, le Front national, outre le fait qu'il suscita la mobilisation des ardeurs résistantes, aida le PCF à réintégrer le jeu politique et prépara son grand bond en avant de la Libération.

III. — Les premiers résistants et la Révolution nationale

La situation de la France dans l'Europe hitlérienne de 1940/1942 est très spécifique. Elle subit la présence d'une armée d'occupation et elle connaît l'existence d'un gouvernement à la fois collaborateur et porteur d'un programme de redressement national. La résistance a fini par souder son unité autour de l'opposition à ces deux réalités. Cependant, cette attitude a été longue à se dessiner. Les divisions politiques, malgré les exhortations pétainistes, n'ont pas disparu. Ainsi, l'attitude à adopter vis-à-vis des communistes reste un point délicat. De ce fait, la position des premiers résistants à l'égard de Vichy est longtemps demeurée ambiguë et confuse. Le problème se complique encore quand on considère l'hétérogénéité politique qui prévaut au sein des mouvements en 1940/1941. Enfin, selon la distinction de J.-P. Azéma, le rejet de la Révolution nationale (pétainisme) n'implique pas forcément celui de la personne du maréchal Pétain (maréchalisme).

La popularité du Maréchal est incontestable dans cette France écrasée. Personne ne met en doute la sincérité du nationalisme du vainqueur de Verdun. Les grands axes du programme pétainiste sont également de nature à séduire la majorité des Français. Rejet des jeux politiciens de la IIIe République, aspiration à une régénération intellectuelle et morale et, surtout, célébration de l'unité nationale sont des thèmes bien accueillis en 1940. Dès lors, résister à Vichy, c'est briser l'unité nationale retrouvée. L'illusion du « double jeu » de Pétain s'est longtemps nourrie du désir d'union des Français et bien des résistants ont été retenus dans leurs attaques contre Vichy par le refus d'assumer, en ces heures tragiques, la responsabilité de la guerre civile.

H. R. Kedward a montré que l'attitude dominante chez de nombreux résistants de zone Sud, en 1940/1941, conjugue hostilité patriotique aux Allemands et bienveillance, voire sympathie, pour le régime de Vichy. Ainsi, les appels du général Cochet sont également partagés entre un anti-germanisme virulent et une absolue confiance dans Pétain. Ils se prononcent pour un « ordre nouveau » fondé sur les « valeurs traditionnelles françaises ». Les mouvements de Frenay et de De Menthon, constitués d'hommes venus des diverses familles de la droite, ne se détachèrent que tardivement de l'étreinte vichyssoise. Frenay, se définissant lui-même comme élément de « cette droite traditionnelle, pauvre, patriote et paternaliste », agissait autant par nationalisme que par anti-nazisme. Son attitude politique, en 1940/1941, se définit par le rejet des tares du régime précédent et la nécessité d'un redressement politique et moral. Cela conduit *Vérités,* en août 1941, à qualifier encore « d'acceptable » la politique intérieure de Vichy. Chez les démocrates-chrétiens de *Liberté* ou de *Temps nouveau,* chez les personnalistes d'*Esprit,* la réfutation du nazisme n'appelle pas celle du pétainisme. De Menthon continue à soutenir Pétain, même après Montoire, pour ne pas se couper des Français et par adhésion globale au programme du Maréchal. Au moment de la signature des Protocoles de Paris, *Liberté,* bien qu'opposé à la collaboration, crédite encore Pétain d'agir avec bonne foi dans l'intérêt du pays. En zone Nord, Défense de la France approuve les fondements de la politique de redressement de Pétain et le soutien à l'enseignement libre. Même les intellectuels de gauche du réseau du Musée de l'Homme, encore en août 1941, renvoient dos à dos « communistes, gaullistes et pétainophiles ».

La distinction entre Pétain et son entourage constitua longtemps un moyen commode de soutenir le Maréchal et d'approuver certains aspects de la Révolution nationale, tout en fustigeant la dérive collaboratrice. En novembre 1940, *Liberté* déclare que « le Maréchal doit se sentir soutenu par la volonté française unanime », mais attaque violemment Laval qui « chloroforme le pays ». En août 1941, *Vérités* approuve Pétain qui lutte « contre la franc-maçonnerie, les puissances de l'argent ou les partis politiques », mais dénonce Darlan et la collaboration.

Certains résistants manifestent pourtant une hostilité plus vive à Vichy. En zone Sud, Franc-Tireur, il est vrai tardivement (1942), ose affronter le mythe Pétain. Entêtement dès 1918 dans le défaitisme, responsabilité dans l'impréparation militaire du pays et ambition politique démesurée font de Pétain le principal responsable de la défaite. Le choix des titres (*Franc-Tireur*, évocation des patriotes de 1870, *Le Père Duchesne*, renaissance du brûlot révolutionnaire d'Hébert) marque l'enracinement patriotique, républicain et révolutionnaire du mouvement. Il est imité par d'autres groupes, plus radicaux mais aussi plus faibles. Ainsi, les socialistes pivertistes de *L'Insurgé* voient en Vichy une forme aggravée de l'exploitation capitaliste. Les radicaux du *Coq enchaîné* défendent l'école laïque et attaquent le cléricalisme de Vichy. Les milieux syndicalistes prennent rapidement leurs distances, malgré l'attraction qu'exerce Vichy sur la partie la plus réformiste et la plus pacifiste d'entre eux, animée par Belin qui devient ministre du Travail. L'interdiction des syndicats, dès août 1940, amène des hommes comme Jouhaux, Buisson (CGT) ou Poimbœuf (CFTC) à créer un Comité d'études économiques et syndicales semi-clandestin et, le 15 novembre 1940, à diffuser un *Manifeste du syndicalisme français* qui refuse le syndicalisme unique et obligatoire de Vichy. Le Parti communiste est l'organisation qui adopte face à Vichy l'attitude la plus claire, celle d'une opposition immédiate et absolue. Cependant, cette attitude n'est motivée ni par un réflexe patriotique anti-collaborationniste, ni par la défense des idéaux républicains. Suivant les analyses staliniennes sur le nouveau rapport de force en Europe, le PCF se lance dans une offensive révolutionnaire et assimile Vichy à la pire des réactions capitalistes.

Alors que la plupart des premiers résistants manifestent le désir de rompre avec les jeux politiciens de la IIIe République, il est frappant de constater que l'attitude adoptée à l'égard de Vichy est largement la conséquence de parcours politiques antérieurs. En 1941, ces parcours éloignent

36

encore plus qu'ils ne rapprochent, comme le montre l'opposition des nationalistes, luttant contre l'occupant mais séduits par Vichy, et des communistes, adversaires absolus de Vichy mais muets sur le problème national.

Deux séries d'événements clarifient la situation. L'invasion de l'URSS, en juin 1941, en même temps qu'elle ramène les communistes au fait national, conduit les résistants de *Vérités* ou de *Liberté* à reconsidérer leur anti-communisme : celui-ci est désormais l'allié objectif des Allemands. Cette révision ne s'opéra pourtant pas sans mal : en juin 1941, *Vérités* et *Liberté* se réjouissent de l'invasion de l'URSS car elle met aux prises les deux pires ennemis de la France. En septembre encore, *Vérités* prend position contre le Front national. Ce n'est qu'à l'automne 1941 que les deux périodiques révisent leur position internationale, mais sans rompre définitivement avec Vichy. Cette rupture, c'est en fin de compte Vichy lui-même qui la consommera par son entêtement dans les voies de la collaboration et de la répression. La non-dénonciation des assassinats d'otages par les Allemands, les mesures antisémites et anti-républicaines, l'accélération de la collaboration amenèrent l'ensemble des résistants à la rupture.

Les mouvements qui fonderont Combat rejettent la Révolution nationale courant 1941. Son caractère « national » est incompatible avec la collaboration pour Frenay ; son antisémitisme révulse les démocrates-chrétiens de Liberté. Combat amorce une évolution qui le conduit, sous l'influence du personnalisme, à adhérer à un « socialisme humaniste », fait de respect de la personne humaine et d'aspiration à des réformes sociales. Cette évolution évoque celle de l'école d'Uriage, avec le chef de laquelle, Dunoyer de Segonzac, Frenay est d'ailleurs en étroit contact. L'arrachement au mythe Pétain est plus difficile. Longtemps les hommes de Combat ont voulu croire que le Maréchal se ressaisirait. Le retour de Laval au pouvoir, en avril 1942, lève leurs derniers scrupules : le Maréchal est le jouet des Allemands.

Dans cette évolution, Libération-Sud, constitué d'hommes majoritairement venus de la gauche, joue un rôle considérable en dégageant l'idée d'une résistance totale, c'est-à-dire tournée autant contre les Allemands que contre Vichy. En août 1941, *Libération* propose une *Charte de la Résistance* qui justifie le sabotage. En décembre, il appelle à une « nouvelle Révolution française » et évoque le passage à l'action violente. Au même moment, P. Renouvin constitue ses Groupes francs qui organisent les premiers attentats en zone Sud. De son côté, le Parti communiste bascule dans une terrible lutte armée contre l'occupant. Au début de 1942, Combat, sans accepter la logique communiste de la lutte armée, qu'il juge prématurée, a lui aussi adopté une ligne d'opposition totale à Vichy.

L'automne 1941 apparaît comme le premier grand tournant de l'histoire de la résistance. Les patriotes qui, en 1940, avaient refusé l'armistice et l'occupation doivent faire le deuil de l'unité des Français et assumer la dimension de guerre civile que comporte leur combat. Les communistes, eux, renoncent, pour un temps, à la perspective révolutionnaire et considèrent de nouveau le fait national. L'unité de la résistance, cette rencontre singulière entre nationalistes, chrétiens, socialistes et communistes, devient possible.

Chapitre III

LA RÉSISTANCE
EN AFRIQUE DU NORD

I. — La situation jusqu'au débarquement allié

1. La Révolution nationale en Afrique du Nord. — Au même titre que la flotte, l'Empire constitue en 1940 un enjeu primordial. L'intention première des chefs nord-africains semble être la continuation du combat. Le 15 juin 1940, le général Noguès (résident général au Maroc et commandant en chef en Afrique du Nord) communique à P. Reynaud un plan visant à préparer l'AFN au combat. Le Beau, gouverneur général de l'Algérie, tente par tous les moyens de convaincre le maréchal Pétain de se replier en Algérie. Leur attitude change pourtant de manière radicale après la ferme opposition de Pétain à ces projets. L'Afrique du Nord n'entre pas en dissidence et Vichy remplace Le Beau par l'amiral Abrial. De fait, l'Afrique du Nord est certainement la terre française où la Révolution nationale reçoit l'accueil le plus chaleureux. La politique de répression de Vichy y est appliquée avec détermination par l'administration. Les camps d'internement du Sud, comme celui de Djenien bou Rezg, où s'entassent communistes, résistants, juifs, réfugiés républicains espagnols, sont particulièrement durs. Les cadres de l'armée, surtout ceux de la marine, ne cachent pas leurs sympathies pétainistes. La population européenne, plus ou moins séduite par les thèses autoritaires, se rallie massivement à Vichy.

En octobre 1940, le poste de Délégué général du gouvernement en Afrique est créé pour le général Weygand. Sur le plan intérieur, celui-ci se fait l'exécutant zélé de la Révolution nationale. Sur le plan extérieur, il entend conduire une politique plus originale. Weygand signe avec les Américains un accord de coopération économique (février 1941). Il s'oppose avec succès, en juin 1941, aux Protocoles de Paris qui offrent à l'Axe l'utilisation de la base de Bizerte. Cependant, cette attitude, qui lui coûte son poste, ne doit pas être confondue avec une volonté de résistance ou de reprise du combat. Il rejette, en effet, les offres répétées du diplomate américain Murphy ou celles des gaullistes. L'anti-germanisme de l'ex-général en chef butte sur la fidélité à Pétain et se limite à une volonté de stricte application de l'armistice.

Dans ces conditions, en Afrique du Nord encore plus qu'ailleurs dans la France de Vichy, le climat n'est guère favorable à l'esprit de résistance. Au début de 1941, des officiers patriotes, comme le capitaine Beaufre ou le lieutenant-colonel Jousse, se lient avec les Américains dans l'espoir de ramener l'armée d'Afrique au combat. Ils sont vite dénoncés, arrêtés et leur entreprise tourne court. Dans le même temps, mais sans lien avec ces officiers, des réseaux s'organisent. La branche algérienne du Parti communiste présente l'originalité d'associer à sa lutte des musulmans, comme Kaddour Belkaim, mort à Djenien bou Rezg. Son action demeure cependant très faible. Les gaullistes rencontrent des difficultés accentuées par les sentiments anglophobes d'une population choquée par Mers El-Kébir. Le commissaire de police A. Achiary ou le capitaine Luizet tentent sans succès, en 1940/1941, d'établir un contact permanent avec Londres. L'appui le plus solide du gaullisme demeure la branche nord-africaine de Combat, dont les fondations sont posées au milieu de 1941 par R. Capitant, L. Joxe et L. Fradin. Ils reproduisent la politique appliquée en métropole, donnant la priorité à la propagande par la diffusion de tracts et d'une édition locale de *Combat*. Tout autre est la stratégie suivie par le commandant Breuillac et l'avocat Mounier qui, à la fin de 1940 en Tunisie, forment le premier réseau de sabotage. Après avoir réussi la destruction de plusieurs navires qui faisaient relâche dans les ports tunisiens, est décapité en juin 1941.

2. Le complot du « Groupe des Cinq ». — Sur la base de ces difficultés, une nouvelle conception de la lutte émerge en AFN dans le courant de 1941. Elle se fonde sur un constat et un principe : rien n'est possible sans une prise du pouvoir et sans le soutien d'une puissance étrangère ; la reprise du combat ne doit présager en rien les choix politiques ultérieurs. Le groupe qui se constitue autour de ce programme rassemble des hommes soudés par l'anti-germanisme mais politiquement divisés. On y trouve des patriotes, comme R. Carcassonne, J. Aboulker, ou comme A. Temime et E. Atlan qui ont mis sur pied des groupes de protection de la population juive. Les rejoignent des personnalités venues de l'extrême droite, comme H. d'Astier de La Vigerie, frère du fondateur de Libération-Sud et ancien de l'Action française, lui aussi engagé, à Oran, dans la formation de groupes de choc, et des pétainistes patriotes, comme l'industriel Lemaigre-Dubreuil et son conseiller, le journaliste royaliste J. Rigault, le diplomate T. de Saint-Hardouin ou le colonel Van Hecke, chef des Chantiers de jeunesse en AFN. Ces hommes forment le « Groupe des Cinq ». Coordonnée par d'Astier et Rigault, la conspiration gagne certains milieux militaires et policiers (le général Béthouart, le colonel Jousse, le commissaire Achiary) et surtout, par l'intermédiaire du consul Murphy, elle entame de délicates négociations avec les Américains. Les conjurés prendront le pouvoir en AFN, facilitant ainsi un débarquement. Les Américains promettent en retour d'équiper l'armée d'Afrique et de ne pas intervenir dans les affaires politiques françaises. Mais avant de s'engager plus précisément, ils réclament la participation d'un grand chef militaire français. Weygand s'étant récusé, les conjurés pensent au général Giraud, spectaculairement évadé d'Allemagne en avril 1942. Celui-ci tarde pourtant à se laisser convaincre, tout occupé qu'il est à Vichy, au printemps 1942, à la conception d'un audacieux plan de soulèvement de l'armée de l'armistice lié à un débarquement allié en Provence qu'il imagine en 1943. Giraud insiste sur la nécessité pour les Américains d'agir seuls, c'est-à-dire sans les Britanniques, et surtout sans les « Français dissidents ». Ce point de vue, accepté par les Américains, ne soulève guère d'opposition parmi les conjurés. Le fait mérite d'être souligné. Il montre le poids de l'anglophobie et de l'anti-gaullisme en AFN et la domination d'une résistance conservatrice et non gaulliste. Les Américains, très pragmatiques, favorisent cet état d'esprit depuis 1940. Ils ont ménagé Vichy dans l'espoir de le ramener au combat ou, à tout le moins, de neutraliser l'Empire et la flotte. Dans ces conditions, un Giraud conciliant et susceptible de rallier l'armée d'Afrique, possède à leurs yeux bien plus d'atouts qu'un de Gaulle intransigeant et sans grand appui en AFN. Malgré l'entrevue de Cherchell (23 octobre 1942), à laquelle participent le général Clark pour Eisenhower et le général Mast pour Giraud, les Américains ne respectent pas tous leurs engagements. Giraud n'obtient pas le commandement des opérations et, surtout, le débarquement a lieu le 8 novembre 1942, un mois avant la date prévue et sans lien avec la résistance.

À Alger, dans la nuit du 7 au 8 novembre, Aboulker parvient malgré tout, avec une poignée de partisans, à contrôler quelques heures les points stratégiques et même à arrêter Darlan, présent en AFN pour des raisons fortuites. Cependant, comme les Américains tardent à investir la ville, les autorités vichystes reprennent les choses en main. Alors que l'armée américaine est aux portes d'Alger, Darlan pratique le double jeu, négociant avec Murphy et donnant aux troupes françaises l'ordre de tirer. En Oranie et au Maroc, Carcassonne et le général Béthouart échouent, faute d'appui, dans leurs entreprises insurrectionnelles. Noguès engage alors de durs combats contre les Américains sur ces deux théâtres d'opération. Il faut attendre le 10 novembre pour voir les Américains maîtres de la situation militaire : la résistance n'avait pas été capable de neutraliser l'armée. Soucieux d'assurer la stabilité politique d'une région clé pour leur stratégie, constatant l'impuissance de Giraud auquel les très pétainistes chefs de l'Armée d'Afrique reprochent sa « dissidence » et, fidèles à leur politique de respect des « autorités locales », les Américains décident de traiter avec le pouvoir en place. Les « accords Darlan-Clark » (22 novembre) offrent le pouvoir à Darlan en même temps qu'ils établissent un statut de semi-occupation américaine en AFN.

II. — Le giraudisme est-il résistant ?

1. **De « l'expédient Darlan » à « l'intermède Giraud ».**
Pour consolider sa fragile autorité, Darlan s'appuie en premier lieu sur les proconsuls africains (Noguès, Châtel, Boisson) qui forment, sous sa direction, un « Conseil de l'Empire ». Il obtient également le ralliement des Cinq qui, à l'exception de Van Hecke, constituent l'ossature d'un gouvernement — « Haut-Commissariat en Afrique ». Giraud est neutralisé par sa nomination à la tête de l'armée. Enfin, Darlan ménage Vichy : Bergeret, ancien ministre de Pétain, devient haut-commissaire adjoint et Darlan accrédite l'idée d'un accord secret entre lui et le « Maréchal empêché ». L'Empire entre dans la guerre de la plus insolite des façons : les chefs qui ont fait tirer sur les Alliés restent en place et la législation de Vichy demeure appliquée. La résistance nord-africaine avait révélé sa faiblesse et sa profonde division politique. Si Rigault ou Lemaigre-Dubreuil se rallient sans difficulté à un pouvoir qui continue Vichy contre l'Axe, les gaullistes de Capitant entrent dans l'opposition. Ils sont imités par des élus républicains d'Algérie (Froger, Saurin), par les communistes et par un groupe royaliste qui, autour d'H. d'Astier (pourtant nommé à la direction de

la police !), œuvre pour la personne du comte de Paris. Dans ce contexte politique des plus troubles, Darlan est assassiné le 24 décembre 1942 par Bonnier de La Chapelle, un des résistants qui l'avaient arrêté le 7 novembre. Par la volonté américaine, Giraud lui succède aussitôt. Il reconduit la même équipe gouvernementale, faisant de Peyrouton, autre ancien ministre de Vichy, le gouverneur général de l'Algérie. Il obtient le soutien de Labarthe et de Muselier, dissidents de la France libre et champions de l'anti-gaullisme. Giraud affirme sa farouche volonté de mener le combat contre l'Axe aux côtés des Alliés et affiche parallèlement son dégoût pour « la politique ». Ne considérant la lutte que sous son jour militaire, il rejette l'idée d'un gouvernement provisoire, selon lui, sans aucune légitimité. Seuls les Français, une fois le territoire libéré, pourront trancher. Tel est le sens, apolitique et légaliste, du slogan giraudiste « Un seul but : la victoire ». Pratiquement, la législation vichyste reste en vigueur. Le décret Crémieux de 1870, qui avait donné la citoyenneté française aux israélites d'Afrique du Nord et qui avait été aboli par Vichy, n'est pas rétabli. Les gaullistes, rendus responsables de l'assassinat de Darlan, connaissent l'emprisonnement. Jusqu'à la transformation du Haut-Commissariat en un « Commandement en chef civil et militaire », le 2 février 1943, le pouvoir giraudiste demeure sous la suzeraineté théorique du Maréchal.

Malgré lui, le giraudisme a pourtant évolué. Comprenant que le refus de condamner Vichy est politiquement intenable, les Américains délèguent J. Monnet à Alger pour y impulser un virage démocratique. En février 1943, Giraud doit ouvrir son équipe à des personnalités libérales (J. Monnet, R. Mayer). Le 14 mars 1943, il rompt spectaculairement avec Vichy, proclame le rétablissement des principes républicains et évince de son gouvernement les vichystes les plus compromis, tel Bergeret. Au moment où la résistance intérieure se fédère autour du lien entre combat patriotique et combat politique, le giraudisme représente le rêve, déjà anachronique, d'une résistance purement militaire qui n'aurait pas à rompre avec Vichy et sa politique.

2. **L'affrontement Giraud / de Gaulle.** — La naissance, en AFN, d'un nouveau pôle de résistance, fort du soutien américain, lance à la France combattante un redoutable défi. De Gaulle condamne immédiatement et fermement l'expérience Darlan : les hommes de Vichy et de la collaboration ne peuvent conduire la lutte nationale. À l'égard de Giraud, le mouvement gaulliste se garde de tout *a priori*. Si de Gaulle ne peut qu'approuver le dessein militaire du giraudisme, le désaccord est cependant total sur le plan politique. Le fondement de la France libre repose sur cette immense fiction politique selon laquelle la nation tout entière participe à la lutte. Dans cette perspective, le gouvernement provisoire que de Gaulle entend créer est légitime et nécessaire car dépositaire de la volonté nationale. Giraud, aux yeux des gaullistes, a donc commis deux graves fautes : il a accepté un pouvoir donné par les Américains et il refuse la formation d'un gouvernement provisoire. Par le mémorandum du 23 février 1943, de Gaulle précise ses exigences : création d'un authentique gouvernement provisoire, unification des forces militaires, dénonciation de Vichy et rétablissement de la légalité républicaine. Pour la résistance intérieure, le giraudisme est tout aussi inacceptable car simple continuation africaine de Vichy. Les Américains tentent, en vain, à la Conférence d'Anfa (17 janvier 1943), d'amener les deux chefs à un accord. Le virage démocratique des giraudistes vient trop tard, décevant les pétainistes sans convaincre les républicains. En AFN, de Gaulle, peu à peu, gagne du terrain. Son émissaire, le général Catroux, aidé par les hommes de Combat, développe une habile propagande. Les défections se multiplient au sein de l'armée, devenue l'enjeu principal : Van Hecke se rallie aux FFL à la tête d'un régiment entier. L'appui décisif vient cependant de France. La résistance

intérieure, par la voix du CNR à peine constitué (chap. IV), réclame, le 27 mai, la formation d'un gouvernement provisoire dirigé par de Gaulle. Giraud doit transiger. Le 30 mai 1943, de Gaulle arrive à Alger.

III. — **Alger, capitale de la résistance**

1. **Le CFLN.** — Le 3 juin 1943, est créé le Comité français de libération nationale qui « exerce la souveraineté » sur les territoires libérés jusqu'à la libération. Sa nature et sa composition sont le fruit d'un compromis. Ce gouvernement est bicéphale, Giraud et de Gaulle se partageant la présidence. On y trouve des gaullistes (Pleven, Diethelm) et des hommes de l'entourage de Giraud (Couve de Murville, Monnet). De plus, par la volonté des Américains, les forces armées ne sont pas réunies, chaque chef gardant le contrôle de ses troupes. Une première épuration frappe Noguès au Maroc et Peyrouton en Algérie. Le 4 août 1943, l'autorité militaire, unifiée et confiée à Giraud, est distincte de l'autorité civile, offerte à de Gaulle. Celui-ci exerce déjà une prééminence de fait. Sa victoire est complète le 8 novembre 1943, quand Giraud doit abandonner la coprésidence[1]. Le remaniement du 9 novembre 1943 marque le triomphe du concept gaulliste de gouvernement provisoire. Le choix des commissaires manifeste le double souci de représentativité nationale et d'unité de la résistance. S'y retrouvent des représentants de la France libre (Pleven), d'autres de la résistance (Frenay, Capitant, E. d'Astier), d'autres enfin des partis politiques (les radicaux Queuille et Mendès France, les socialistes Le Troquer et Philip, le démocrate-chrétien de Menthon). Le cercle national se referme, en mars 1944, avec l'entrée au CFLN des communistes Grenier et Billoux. Le 3 juin 1944, le CFLN se transforme en Gouvernement provisoire de la République française.

1. Après avoir manifesté à diverses reprises sa volonté d'obstruction, Giraud n'aura d'autre choix que de se retirer définitivement en avril 1944.

2. **La renaissance de la vie politique à Alger.** — L'installation de la France libre à Alger suscite une active renaissance de la vie politique. Le gouvernement et les services administratifs s'installent au lycée Fromentin. La résistance intérieure et les partis politiques délèguent leurs représentants. Les socialistes sont influents au CFLN où A. Philip tient, un temps, le commissariat à l'Intérieur. Les radicaux, qui disposent d'appuis importants en Algérie, sont particulièrement actifs au point d'organiser un congrès du Parti à Alger, en juin 1944. Les communistes ne sont pas en reste. Un certain nombre de responsables communistes, parmi lesquels Billoux, Fajon et Barel, avaient été détenus par Vichy en Algérie. Ils sont libérés par Giraud en février 1943. En mai, reparaît légalement *Liberté,* organe algérien du Parti. L'arrivée du délégué national F. Grenier, en octobre 1943, achève la reconstitution locale du Parti.

Le fait politique majeur demeure la réunion, le 3 novembre 1943, d'une Assemblée consultative provisoire, présidée par le socialiste F. Gouin. Répondant au vœu gaullien de rassemblement national, elle est composée de membres du Parlement de 1940, de représentants des conseils généraux algériens, de la résistance intérieure et des partis politiques. Ses pouvoirs sont certes limités. Elle exprime son avis sur les textes que lui soumet le CFLN et elle peut réclamer l'audition de tel ou tel commissaire. Cependant, son rôle est considérable. Son règlement, calqué sur celui de l'Assemblée de la IIIᵉ République, la dignité et la vigueur de ses débats sont le symbole d'une renaissance politique. Sur la scène internationale, cet organe démocratique renforce l'assise de De Gaulle.

Pourtant, la résurrection des vieilles querelles de la IIIᵉ République (témoin le conflit sur la laïcité) et la rapidité et la facilité avec laquelle les partis politiques se reconstituent augure mal du désir de la résistance intérieure d'une profonde rénovation de la vie politique.

Chapitre IV

L'UNIFICATION

1. — Les premiers pas

1. **Raisons et enjeux de l'unification.** — Au début de 1942, opposée à des forces répressives toujours plus efficaces, la résistance doit unir ses efforts. Les problèmes financiers et de l'armement appellent une solution urgente. Toutefois, ces nécessités techniques ne suffiraient pas à assurer l'unification sans la conjonction de volontés politiques. La pleine participation des communistes au combat, la réfutation dorénavant unanime de Vichy, la formulation, encore floue mais commune, d'une aspiration révolutionnaire ouvrent la voie à une coopération militaire et à des accords politiques entre les mouvements. La principale impulsion vient cependant de Londres. De Gaulle appelle de toutes ses forces une union de la résistance autour de la France libre. Il y trouve la matérialisation de sa conception du combat patriotique et le renforcement de sa position vis-à-vis des Alliés. Un double mouvement pousse donc résistants et Français libres à s'entendre : les uns ont besoin d'armes et d'argent, les autres recherchent une légitimité plus sûre. La résurrection des partis politiques joue également en faveur de l'unification. Dès 1942, la présence au combat des socialistes et, plus encore, des communistes est une évidence. Ces partis réclament une reconnaissance de leur action que la France libre est d'autant plus disposée à leur accorder, qu'aux yeux des Anglo-Saxons, elle pêche par absence de légitimité politique. En 1942/1943, la stratégie de De Gaulle consiste donc à rassembler autour de

lui mouvements et partis. Surgit pourtant une difficulté : les mouvements, unis dans leur rejet de l'ancien système politique, refusent le retour en grâce des partis. Néanmoins, soucieux de préserver leur indépendance vis-à-vis de la France libre, ils seront tentés de s'unir à ces mêmes partis, et plus particulièrement au PCF. Un subtil jeu de bascule à trois se met ainsi en place.

2. La première mission de Jean Moulin et la formation des MUR. — Les premiers contacts entre la résistance intérieure et la France libre remontent à 1940 quand des agents des services de Passy (Mansion, Fourcaud, Renault-*Rémy,* d'Estienne d'Orves) furent parachutés en France. À l'automne 1941, une importante mission fut confiée à Y. Morandat qui établit un contact solide avec les socialistes et les syndicalistes de Libération-Nord. Ces liens restent cependant minces et globalement limités à la zone Nord : en janvier 1942, Combat n'est pas encore parvenu à établir un contact permanent avec Londres. C'est à Jean Moulin, arrivé à Londres en septembre 1941, que revient la charge de l'unification. Il est parachuté en France en janvier 1942 avec pour mission l'unification des mouvements et l'installation d'une Délégation générale de la France libre. Sa mission, qui ne porte que sur la zone Sud, se consacre d'abord à une clarification technique visant, après distinction du politique et du militaire, à unifier les services communs des mouvements. Ainsi sont créés, au début de 1942, le SOAM (Service des opérations aériennes et maritimes), qui devient la SAP (Section des atterrissages et parachutages) et le WT (service radio). Au printemps, ce sont le BIP (Bureau d'information et de presse), véritable agence de presse de la résistance confiée à G. Bidault, et le CGE (Comité général d'études), chargé de définir les mesures législatives à prendre à la Libération.

L'étape suivante, préparée par les voyages à Londres, en septembre 1942, de Frenay et de D'Astier, est l'unification des trois grands mouvements de zone Sud

(Combat, Libération, Franc-Tireur) et la fusion de leurs effectifs militaires dans une Armée secrète (l'AS). Le 26 novembre 1942 est constitué un Comité de coordination de zone Sud, présidé par Moulin. Le général Delestraint devient chef de l'AS unifiée dont les effectifs, sur le modèle de Combat, sont divisés en six régions (R1, . . . , R6). Le pas décisif est franchi en janvier 1943 avec la fusion des trois mouvements qui forment les MUR (Mouvements unis de résistance). Moulin préside le Comité directeur des MUR, alors que Frenay prend en charge les affaires militaires (AS, groupes francs, maquis), d'Astier les affaires politiques (NAP, action ouvrière) et Lévy la sécurité et le renseignement. Le secrétariat des MUR est confié à J. Baumel.

Une double hiérarchie se constitua : nationale avec les grands services « verticaux » (NAP, maquis, AS...) et régionale où un directoire politique respectait la répartition entre les trois mouvements. Le triumvirat lyonnais était ainsi composé de Malleret-*Joinville* (Libération), M. Bloch (Franc-Tireur) et Peck (Combat). Les autres principaux chefs régionaux furent J. Dhondt à Toulouse, Chevance, puis Juvénal à Marseille, E. Michelet à Limoges, Ingrand à Clermont-Ferrand. Le principe du double cloisonnement — entre directions nationales et régionales (un chef de région ne se mêle pas des activités d'un maquis) et entre « politique » et « militaire » — dicté par la sécurité, posa pourtant plus d'un problème pratique et généra une lourde machine administrative.

En zone occupée, la situation était plus délicate en raison de l'existence de nombreux petits réseaux et de divergences politiques plus profondes. L'OCM, par Heurteaux, avait tenté en vain, en avril 1941, une unification sous sa direction. La CND joua un rôle important d'intermédiaire entre Londres et les mouvements. Ainsi Brossolette, avant son départ pour Londres, mit en contact Rémy et C. Pineau de Libération-Nord. La CND établit également le contact avec l'OCM et surtout avec les FTP (Francs-Tireurs et Partisans, branche armée du Front national) en organisant la rencontre entre Rémy et le colonel FTP Drumont-*Joseph* au printemps 1942. Le commandant Manhes-*Frédéric,* adjoint de Moulin pour la zone Nord, jetait quant à lui des ponts avec Lecompte-Boinet de CDLR et Ripoche et Médéric de CDLL. Mais il fallut attendre la mission Arquebuse (Passy)-Brumaire (Brossolette) en janvier/février 1943, pour voir s'établir une véritable unification et la création de l'EMZO (État-Major zone occupée) et du BOA (Bureau des opérations aériennes, équivalent de la SAP de zone Sud). En mars, un Comité de coordination était constitué, regroupant les cinq grandes organisations de zone Nord (Libération-Nord, OCM, CDLR, CDLL, Front national), lui-même articulé, comme au sud, entre un comité militaire et un comité civil. En avril, les forces militaires étaient versées à l'AS du général Delestraint. Restait à concevoir une structure commune aux deux zones.

3. **Divergences et accélération.** — Le processus d'unification, dirigé par Londres, n'allait pas sans mal. Aux querelles de personnes et à la méconnaissance mutuelle, s'ajoutaient de réelles divergences politiques et stratégiques. D'une manière générale, les mouvements acceptaient mal la perte de leur indépendance. S'ils reconnaissaient la nécessité d'une coordination militaire, ils refusaient de se retrouver politiquement « aux ordres » de De Gaulle ou de Moulin. En zone Sud, Frenay critiquait les modalités de la distinction posée par Moulin entre « civil » et « militaire », soulignant les risques de chevauchement. Il proposait une séparation limitée aux échelons de commandement, mais le maintien de l'unité organique à la base. Cette solution exprimait la difficulté pour les cadres de Combat (qui fournissait 75 % des effectifs de l'AS) à renoncer au contrôle de leur outil militaire. Frenay obtint de plus que les MUR garderaient sous leur contrôle direct les maquis et les groupes francs. Dans le même temps, la stratégie attentiste de Delestraint (nommé par de Gaulle, mais théoriquement soumis au contrôle de Frenay) était critiquée au nom de la nécessité d'une action permanente et immédiate. Les ser-

vices techniques centraux furent aussi l'objet de vifs débats, soit que les mouvements voulussent les contrôler (SAP, WT), soit qu'ils contestassent leur utilité et leur orientation (CGE). D'Astier lutta longtemps contre l'idée même de fusion au nom de l'indépendance des mouvements. Ce refus exprimait aussi la crainte de voir Libération dilué et absorbé par Combat. Déjà en décembre 1941, il avait refusé de se joindre à Frenay et à de Menthon qui créaient Combat. En 1942, il obtint que le commandement de l'AS revînt, non pas à Frenay, mais au « neutre » Delestraint. En zone Nord, les divisions entre modérés de l'OCM, socialistes de Libération-Nord et communistes étaient vives et, ici aussi, les mouvements s'entendirent pour évincer de la direction de l'AS un responsable de mouvement.

Malgré ces divergences, l'épisode giraudiste consolida l'alliance de la résistance et de la France libre. On a déjà dit la gravité du défi que souleva le giraudisme pour le mouvement gaulliste. En cette affaire, de Gaulle trouva dans la résistance un allié sûr. Les résistants avaient été choqués par la tournure des événements nord-africains de novembre 1942 et par le maintien au pouvoir de cadres vichystes. Le général Giraud, dont pourtant à l'origine le crédit était grand, heurta vite la résistance. Son refus de désavouer Vichy et surtout le peu de cas qu'il manifestait, en militaire et en homme d'ordre, pour la lutte clandestine précipitèrent le mouvement d'unification de la résistance sous la bannière gaulliste.

II. — Le Conseil national de la résistance

1. **La formation du CNR.** — C'est au sein des milieux socialistes et syndicalistes, à l'été 1942, que se dégagea pour la première fois l'idée d'une structure commune regroupant les mouvements, les partis et les syndicats. Ce projet ne pouvait que séduire la France libre confrontée au giraudisme. La mission Arquebuse-Brumaire prépara le terrain, alors que Moulin voyait ses pouvoirs étendus

aux deux zones. Après un voyage à Londres, il revint en France le 21 mars 1943 avec pour instruction du général de Gaulle la formation d'un Conseil national de la résistance. La question de la réintroduction des partis politiques était au centre des débats. Les cadres des mouvements étaient violemment contre. Certains, plutôt conservateurs, comme Frenay ou les cadres de l'OCM (Blocq-Mascart, Touny), ne voulaient admettre aucun parti et repoussaient le principe même du CNR. Cette logique conduisit Frenay à refuser de siéger au CNR, alors qu'il accepta de représenter la résistance au CFLN. D'autres, plus engagés à gauche, comme les chefs de Libération, ou, en zone Nord, Lecompte-Boinet (CDLR), envisageaient une union limitée aux partis de gauche. Même chez les émissaires de la France libre, le trouble était profond. Moulin, confronté aux difficultés d'unification des MUR, était hostile à ce projet en 1942 et ne s'y rallia qu'au début de 1943. Brossolette manifestait une opposition plus profonde, motivée par la contradiction qu'il voyait entre le rétablissement du jeu politique traditionnel et la constitution d'une IVe République forte et démocratique. Un compromis finit par être trouvé : au sein du CNR ne seraient pas représentés en tant que tels des « partis », mais des « tendances politiques ». Formulation habile qui masquait mal un recul des mouvements. Il fut d'autre part entendu que les organisations désigneraient elles-mêmes leurs représentants. Restait à dresser la liste des participants. Pour les mouvements, elle s'établit sur la base de l'unification déjà réalisée : trois sièges pour les MUR de zone Sud, un siège pour chaque mouvement représenté au sein du Comité de coordination de zone Nord. Les mouvements non retenus devaient se rattacher à un élu de leur choix. Deux syndicats furent retenus (CGT et CFTC) et six « tendances politiques » : PCF, CAS, démocratie-chrétienne, Parti radical, Fédération républicaine et Alliance démocratique. Les partis de droite posaient un problème délicat. Non seulement ils avaient disparu en tant qu'organisation, mais leur rôle actif dans la résistance était minime et il était difficile de leur trouver des représentants non compromis. Ainsi, dans le cas de l'Alliance démocratique, fallut-il recourir à J. Laniel, qui avait pourtant voté les pleins pouvoirs à Pétain le 10 juillet 1940, même s'il avait ensuite rejoint la résistance.

Les personnalités choisies furent : Bourdet, puis Degliame (Combat), P. Copeau (Libération) et Claudius-Petit, puis J.-P. Lévy et enfin A. Avinin (Franc-Tireur) pour les MUR ; Lecompte-Boinet (CDLR), Coquoin, puis Mutter (CDLL), Villon (Front national), C. Laurent, puis H. Ribière (Libération-Nord) et J.-H. Simon, puis Blocq-Mascart (OCM) pour la zone Nord. En ce qui concerne partis et syndicats : Le Troquer, puis D. Mayer (CAS), Mercier, puis Gillot (PC), J. Laniel (Alliance démocratique), Debû-Bridel (Fédération républicaine), G. Bidault (démocratie-chrétienne), M. Rucart, puis P. Bastid (radicaux), Saillant (CGT) et G. Tessier (CFTC).

Le 27 mai 1943, le CNR tenait sa première réunion à Paris, rue du Four, marquant un déplacement de Lyon vers Paris du centre de gravité de la résistance.

2. **L'organisation et l'action du CNR.** — La présidence du CNR, où la règle de l'unanimité prévalut, échut à J. Moulin, Délégué général en France. Après son arrestation à Caluire (21 juin 1943), il fut remplacé par G. Bidault, directeur de *L'Aube* et figure de la démocratie-chrétienne avant-guerre. Par souci de sécurité, l'assemblée plénière du CNR ne se réunit que très peu souvent. En septembre 1943, se forma un Bureau politique réduit à cinq membres : Bidault, Villon, Saillant, Copeau et Blocq-Mascart. Le Bureau se chargea de l'essentiel du travail du CNR. Il discuta les nominations des secrétaires généraux de ministère à la libération, il prépara le projet de programme (qui fut adopté par l'assemblée plénière), il trancha le statut des FFI.

Après la disparition de Moulin, une nette dérive institutionnelle se manifesta qui renvoie à des conceptions tout à fait différentes du rôle du Conseil. Pour de Gaulle, comme l'attestent les instructions qu'il donna à Moulin avant son dernier départ, le CNR doit remplir une double fonction : « embryon d'une représentation nationale », il exprime les diverses tendances de la résistance ; élément de l'exécutif, il fait appliquer en France les décisions du CFLN. Il n'est donc pas un Parlement (fonction réservée à l'Assemblée consultative d'Alger, dont le CNR est par ailleurs invité à nommer la majorité des membres) et encore moins un gouvernement, comme le montre la présence à ses côtés d'un Délégué général. En fait, pour de Gaulle, il est avant tout un outil de légitimation. L'interprétation des mouvements et des partis est tout autre : le CNR a vocation à devenir un véritable gouvernement. Ainsi pour les MUR, le CNR est l'embryon du gouvernement de la Libération et son *Programme* est conçu comme une véritable charte de gouvernement. Le PCF, engagé contre de Gaulle dans la lutte décisive pour le pouvoir, entend contrôler le CNR et l'ériger en rival du CFLN. La tactique du PCF, élément d'une stratégie plus vaste de pénétration de la résistance, vise à pousser en avant ses hommes, déclarés ou non avoués, et à rejeter ceux du CAS. Il soutient ainsi la candidature controversée de Laniel et il fait campagne pour Bidault, membre du Front national (comme Debû-Bridel), alors que dans l'esprit de De Gaulle, le président du CNR ne pouvait être que le Délégué général. Le PCF milite d'autre part pour la création du Bureau et lorsqu'il est créé, il réclame l'extension de ses pouvoirs et obtient l'évincement de son sein d'un représentant socialiste. Villon apparaît comme le véritable *leader* de ce Bureau où il parvient le plus souvent à imposer les vues du Parti. Une atmosphère de conflit larvé avec le Délégué général et surtout avec le CFLN marqua la vie du CNR jusqu'à la libération.

Au moment où le CFLN s'oppose aux mouvements et au PCF sur la question de l'insurrection (attentisme ou action immédiate), le *Programme du CNR,* adopté en mars 1944, révèle l'influence communiste. Le *Programme* consacre l'essentiel de ses dispositions à la justification de l'action immédiate et à la présentation des mesures à prendre immédiatement à la libération. Son second volet, synthèse des aspirations révolutionnaires de la résistance, dresse le catalogue des réformes de fond envisagées (chap. VII).

III. — L'organisation de la résistance unifiée

1. Les services centraux. — En 1943/1944, dans la clandestinité, la résistance met en place des institutions dont l'étonnante complexité tient à leur caractère doublement bicéphal : CNR et Délégation générale se partagent la direction des différents services, alors que le principe de séparation entre civil et militaire et national et régional se maintient.

J. Moulin avait été le premier Délégué général. La Délégation représentait le CFLN en France, assurait la coordination avec la résistance et devait préparer la prise du pouvoir par le CFLN. Pratiquement, elle était chargée de la distribution des fonds et des armes, ce qui lui conférait un pouvoir considérable.

Après la chute de Moulin, l'intérim fut assuré par Serreulles du BCRA. En septembre 1943, après une nouvelle mission de Brossolette, de Gaulle désigna un autre ancien préfet, E. Bollaert, pour succéder à Moulin. Bollaert fut arrêté en février 1944 (avec Brossolette qui se suicida pour ne pas parler). J. Bingen assura un nouvel intérim (arrêté à son tour, en mai 1944, il avala sa capsule de cyanure) jusqu'à la nomination d'A. Parodi, maître des requêtes au Conseil d'État, qui demeura à son poste jusqu'à la libération. Cette tragique hécatombe compromit l'autorité de la Délégation auprès des mouvements par les longues périodes d'intérim qu'elle imposa. Elle souligne également le danger réel auquel s'exposaient les cadres de la résistance.

Le Délégué général disposait d'un adjoint dans chaque zone (Serreulles, puis Pré au nord, Bingen au sud). Peu à peu, la Délégation devint un véritable organe gouvernemental, multipliant les départements spécialisés.

F. Bloch-Lainé était chargé du comité financier, Maillet des questions économiques, R. Lacoste de la coordination des secrétariats généraux économiques, E. Laffon de la nomination des préfets, Y. Morandat des relations avec le CNR, F.-L. Closon de la préparation des Comités départementaux de la libération. Deux secrétariats de zone (SecNord et SudSec) complétaient l'édifice,

Tableau des institutions de la résistance en 1944

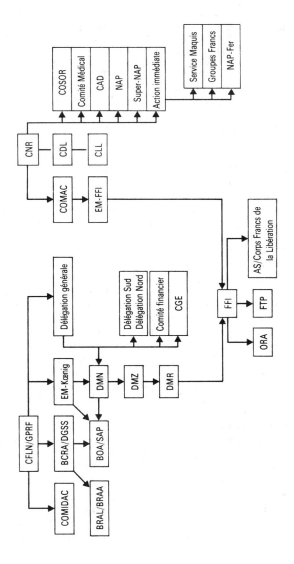

chargés de services divers, comme les faux papiers, le chiffre ou le courrier. À SecNord travaillaient, parmi d'autres, D. Cordier et Chevrier, à SudSec Lalandre et J. Rueff. Le CGE fournissait le travail de réflexion et de prospective. En 1944, la Délégation occupait pas moins de 200 militants fonctionnaires clandestins.

Sur le plan militaire, le Délégué militaire national (le général *Chaban*-Delmas) était secondé par des délégués de zone (les colonels Rondely, puis Ely au nord ; le colonel Bourgès-Maunoury au sud). Douze délégués militaires régionaux (DMR) complétaient l'organigramme.

Parallèlement, le CNR disposait de ses propres services centraux. On relève le Comité d'action contre la déportation, la Commission des désignations, la Commission du ravitaillement, le Comité médical de la résistance (du Dr P. Valléry-Larbot) ou le COSOR (Comité des œuvres sociales de la résistance) du R. P. Chaillet. Le service le plus important du CNR était le COMAC (Comité d'action militaire) qui, animé par Villon (Front national), Kriegel-*Valrimont* (MUR) et de Voguë (CDLR), était de fait contrôlé par le PCF. Il devait coordonner l'action militaire.

Une structure aussi complexe ne pouvait que susciter des chevauchements de compétence et des conflits. Une première fracture opposait le CNR au CFLN représenté par son Délégué général. Outre les fondamentales questions militaires (chap. VI), le conflit porta surtout sur les nominations à la libération, et plus particulièrement sur la désignation des commissaires de la République, des préfets et des secrétaires généraux qui devaient occuper provisoirement les ministères. Le CNR prétendit effectuer les nominations, ce qui était une prérogative gouvernementale inadmissible pour la Délégation. Devant la fermeté du CFLN, le CNR dut s'incliner. Les nominations furent préparées par le CGE, proposées par la Délégation et entérinées par le CFLN.

Une autre fracture surgit à l'été 1943 quand les mouvements, comprenant la manœuvre communiste à leur égard et soucieux de leur autonomie, tentèrent d'échapper à la double étreinte du CFLN et du PCF en se regroupant au sein d'un Comité central de la résistance (CCR). Le CCR, qui s'appuyait sur le Comité directeur des MUR au sud et sur le Comité de coordination au nord (écartant donc les partis) et qui se concevait comme un commandement technique autonome de la résistance (le CNR gardant la direction politique), voulut développer ses propres services. Critiqué par Bingen, soucieux de simplifier les rouages, mais encouragé par Brossolette, heureux d'affaiblir le CNR, le CCR ne trouva jamais sa place. Le PCF fit tout pour l'affaiblir au profit du CNR qui devenait sa carte majeure. Au début de 1944, il n'était déjà plus qu'une coquille vide et ses services étaient avalés par le CNR. Cet échec des mouvements, à quelques mois de la libération, montre que le rapport de forces au sein de la résistance n'était plus en leur faveur.

2. Les Comités départementaux de la libération (CDL).

L'idée des Comités départementaux fut formulée pour la première fois, à l'été 1943 à Alger, par les représentants des MUR. De Gaulle l'admit facilement car elle présentait les mêmes avantages que le CNR, tout en facilitant la prise du pouvoir à l'échelon local, alors que les Américains laissaient planer la menace d'une administration par les forces armées alliées (AMGOT), comme ils le faisaient en Italie. En septembre 1943, F. Closon, aidé par Leenhardt et Mons, fut chargé par le CFLN de préparer, auprès de la Délégation, l'installation des CDL. Les mêmes conflits surgis lors de l'installation du CNR réapparurent. Les mouvements manifestèrent leur hostilité aux partis. Ainsi, C. Bourdet exigea que les représentants des partis fussent désignés par les mouvements. Au début de 1944, le conflit restait particulièrement vif avec le PCF dont les mouvements doutaient de l'uniformité de l'implantation locale. On finit par trouver un accord en limitant la composition des CDL à une dizaine de membres, parmi lesquels les représentants des mouvements égalaient sensiblement ceux des partis et des syndicats.

Le conflit entre le CNR et la Délégation rebondit également. En mars 1944, le CNR imposa un statut des CDL qui allait beaucoup plus loin que ce qui avait été prévu à

Alger. Le CFLN les concevait comme de simples organes consultatifs qui devaient assister le préfet après la libération (ordonnance du 21 avril 1944). Le CNR entendait en faire des éléments actifs de la libération. Les CDL devaient préparer l'insurrection, en prendre la tête le moment venu et, après la libération, assurer la représentation de la population départementale. Le CNR avait même prévu que les CDL créeraient des commissions spécialisées (action immédiate, aide aux victimes, épuration...). Le cas extrême de cette dérive fut fourni par le Comité parisien de libération (CPL) où le PCF, avec Tollet, Marrane et Carrel, était majoritaire. Le projet du PCF était de transformer le CPL en conseil municipal de Paris, renouant avec la tradition révolutionnaire du XIXᵉ qui tenait Paris pour le centre politique du pouvoir. Au moment de la libération de Paris, l'insurrection fut déclenchée unilatéralement par le CPL et les FFI du communiste *Rol*-Tanguy.

Sur une initiative du CPL, le PCF lança également l'idée, fin 1943, de Comités locaux de la libération (CLL). Le CNR, le 28 mars 1944, précisa qu'ils devaient se former dans les villes sur le modèle du CNR et des CDL. Le PCF entendait, comme à Paris, transformer ces CLL en conseils municipaux. Le PCF semble avoir eu pour intention d'utiliser les instances locales de la résistance comme moyen, sinon de prise, du moins de pénétration du pouvoir.

Trois grandes lignes de fracture apparaissent ainsi au sein de la résistance. Les mouvements expriment une hostilité à la renaissance des partis et une volonté d'indépendance politique qui les conduisent à s'opposer à de Gaulle. Par ailleurs, le PCF entend pénétrer les structures de la résistance et les utiliser à son profit dans la compétition qui l'oppose au CFLN. Il trouve, sur ce terrain, un allié inattendu dans les mouvements qui pensent ainsi sauver l'indépendance de la résistance. Pourtant, à partir de l'été 1943, les mouvements prenant conscience du danger communiste, tentent, trop tard, de bâtir une structure autonome. Ces trois fractures enchevêtrées sont le reflet de l'âpre lutte pour le pouvoir à la libération.

Chapitre V

PARTIS ET SYNDICATS

I. — **Disparition et renaissance des partis**

La défaite de juin 1940 s'accompagne d'un profond séisme politique qui frappe d'abord les partis. Le discours pétainiste a beau jeu de désigner ces piliers du « système » comme les premiers responsables de la défaite. Ils se déconsidèrent encore aux yeux de la population en votant les pleins pouvoirs à Pétain le 10 juillet 1940 et en renonçant à sauver une République dont ils se présentaient pourtant comme la naturelle incarnation.

À gauche, les socialistes, à une forte majorité, ont voté les pleins pouvoirs. Les radicaux ont suivi la même voie, seuls quelques caciques ne prenant pas part au vote (P. Mendès France, J. Zay embarqués sur le *Massilia*), s'abstenant (E. Herriot, président de la Chambre) ou votant contre (P. Bastid, T. Révillon). À droite, le ralliement est encore plus net. Au sein des deux grandes formations de la droite parlementaire (Alliance démocratique et Union républicaine) l'écrasante majorité, derrière P.-E. Flandin, plébiscite Pétain. Seuls quelques rares élus (Jacquinot, Laniel, Marin) prennent plus ou moins rapidement leurs distances avec le Maréchal. Le PSF soutient le nouveau régime et fournit la majorité des cadres de la Légion des Combattants, même si de La Rocque lance un appel à la résistance anti-allemande et même si Vallin et Barrachin restent réservés à l'égard de

Vichy. En fait, avec la IIIe République, ce sont les partis et la vie politique traditionnelle qui disparaissent.

Les résistants expriment dans leur ensemble un violent rejet des partis politiques. Ils les accusent d'avoir dressé entre les Français des barrières artificielles et de n'avoir pas su préparer le pays à la guerre. Plus profondément, ce rejet des partis a pu se confondre (surtout à Combat et à l'OCM) avec le refus du jeu parlementaire de la IIIe République. Les résistants, hommes nouveaux pour la plupart, opposent leurs valeurs (courage, désintéressement, patriotisme) à la médiocrité et à l'inefficacité partisanes. Ils mettent également en avant le brassage politique qu'a provoqué le refus de l'armistice et la grande diversité politique des mouvements. Logiquement, ils refusent avec vigueur la reconstitution des partis et affirment que c'est à la résistance de fournir les nouvelles élites. Des nuances viennent toutefois colorer cette opinion générale. Si Combat ou l'OCM affirment l'inutilité des partis, si le CGE, en août 1943, parle encore de leur « nocivité », d'autres, comme le démocratechrétien F. Gay, les socialistes R. Lacoste et J. Moch, ou des personnalités indépendantes comme R. Stéphane, ne rejettent pas l'idée de parti mais proposent la constitution transitoire d'une formation unique regroupant gauche et droite. D'autres encore, comme E. d'Astier, considèrent que la résistance doit s'ouvrir aux militants des anciens partis pour en former un nouveau à la libération.

Malgré tout, les partis politiques sortent peu à peu de l'ombre. Le PCF survit dans la clandestinité, des socialistes fondent un Comité d'action socialiste, des démocrates-chrétiens se rassemblent autour de revues ou dans des mouvements. À droite, des personnalités rompent avec Vichy : P. Reynaud rallie en 1942 une partie de l'Alliance démocratique à la France libre ; L. Marin et quelques élus de la Fédération républicaine adhèrent au Front national. Deux événements politiques majeurs contribuent à accélérer ce retour des partis. Le procès de

Riom, organisé par Vichy au début de 1942 et censé être le procès de la IIIe République, offre une tribune inespérée aux accusés. Retournant l'accusation contre le maréchal Pétain en soulignant son rôle dans l'impréparation du pays et défendant avec brio le bilan militaire du Front populaire, Daladier et Blum amorcent la relégitimation des partis.

Après l'arrêt du procès en avril 1942, L. Blum précise sa pensée en affirmant que les mouvements se trompent de combat et qu'il ne peut exister de démocratie sans partis. Tel est le sens du ralliement des socialistes à la France libre, comme en témoigne la lettre de L. Blum à de Gaulle de novembre 1942 : « Il n'y a pas de démocratie sans partis. On doit les moraliser, les revivifier, non les éliminer... Un État démocratique est forcément une fédération de partis comme la communauté européenne de demain sera forcément une fédération de nations libres. »

La France libre, à la recherche d'une légitimité nationale, a également joué un rôle essentiel dans la renaissance des partis, avivant l'hostilité des résistants. À la fin de 1942, les mouvements ne peuvent pourtant plus ignorer le rôle des partis dans la résistance, ni le fait que la plupart de ces partis se sont ralliés au chef des Français libres ; les socialistes par Blum, Philip ou Gouin, les radicaux par Mendès France et Queuille, les démocrates-chrétiens par Bidault, la droite par Reynaud, Laniel ou Marin. Même le PCF, après la reconnaissance de la France libre par Staline en septembre 1942, envoie un délégué à Londres (F. Grenier, arrivé en janvier 1943). Le compromis du CNR — reconnaissance de « tendances politiques » et non de partis — exprime encore les réticences des mouvements au début de 1943.

L'allocution de J. Moulin, lors de la séance inaugurale du CNR, le 27 mai 1943, définit le cadre de ce compromis : « J'ai indiqué... que la présence au sein du Conseil des représentants des anciens partis politiques ne devrait pas être considérée comme sanctionnant officiellement la reconstitution des dits partis tels qu'ils fonctionnaient avant l'armistice. J'ai insisté au contraire pour... constituer de larges blocs idéologiques capables d'assurer la solidité et la stabilité de la vie publique. »

Pourtant, la création du CNR marque bel et bien la légitimation et la renaissance des partis politiques. Par la suite, beaucoup de résistants forment le projet de limiter à deux ou trois le nombre des partis par souci d'efficacité. Ils envisagent la formation d'un grand parti travailliste, fédérateur de la gauche non communiste, porteur d'un idéal socialiste humaniste et susceptible de concilier défense de la personne et défense du travail. Se dessine ainsi une refondation tripartite de la vie politique française.

Combat, en février 1944, résume cette aspiration : « Dans la France demain existera certainement le Parti communiste... et sans doute un groupement conservateur ou "modéré". Et il existera aussi un grand parti républicain et révolutionnaire... ce ne sera pas le "parti de la résistance", mais l'héritier de l'esprit de la résistance. » Les socialistes faisaient implicitement les frais de l'opération.

En janvier 1944, fut créé le Mouvement de libération nationale (MLN), groupant les MUR et des mouvements de zone Nord non représentés au CNR (Défense de la France, Lorraine, Résistance). Le MLN, théoriquement placé sous les ordres du fantomatique CCR, ambitionnait de se transformer en grand parti des résistants à la libération.

II. — La politique des partis

1. **Le Parti communiste de juin 1941 à juin 1944.** — En juin 1941, le PCF abandonne brusquement la thèse de la guerre impérialiste et se lance sans réserve dans la lutte anti-allemande. Le choix de l'action violente est imposé par Staline qui exige des partis communistes l'affaiblissement des arrières de Hitler. Ce basculement, symbolisé par l'assassinat d'un soldat allemand par P. Georges-*Fabien* le 21 août 1941, n'est pourtant pas facile. Rien, ni dans l'histoire du socialisme français, ni dans la conjoncture des derniers mois, ne préparait le PCF à conduire des actions de type militaire. Les représailles allemandes sont immédiates et terribles, comme en témoigne l'exécution à Châteaubriant, le 22 octobre 1941, de 48 otages en majo-

rité communistes. L'action militaire est confiée à des antifascistes convaincus, souvent vétérans de la guerre d'Espagne. En octobre 1941, C. Tillon, épaulé par Debarge et Lecœur, réunit les divers groupes de choc du Parti : l'OS (Organisation spéciale), les Bataillons de la jeunesse, composés de militants des Jeunesses communistes dirigés par Ouzoulias et la MOI (Main-d'œuvre immigrée) de Epstein, formée de communistes étrangers réfugiés ou travaillant en France. Un Comité militaire national (Tillon, Hénaff, Ouzoulias, Dumont, Beyer) assiste la direction du Parti. À l'automne 1941, le PCF accentue le choix de la lutte militaire. Il lui sacrifie la lutte syndicale et même le Front national, mis en veilleuse, au profit d'une stratégie « d'union ouvriers-paysans », antifasciste et nationale, qui évoque celle de Tito ou de Mao. Au début de 1942, Staline, espérant la victoire prochaine après l'arrêt allemand devant Moscou, réclame encore une intensification de la lutte armée. En avril 1942, sont créés les FTP (Francs-tireurs partisans) qui arment les premiers maquis (Le Berre en Seine-et-Marne, Fabien dans le Doubs) aussitôt décimés. Le bilan militaire de l'année 1942 est catastrophique pour le PCF. Ses militants d'élite, par centaines, sont sacrifiés. En février 1942, un coup de filet dans lequel tombent Casanova, Politzer, Dallidet, Decour décapite le Parti. En septembre 1942, Debarge chef des FTP du Nord, tombe à son tour. À la fin de 1942, les premiers FTP ont été anéantis et leur état-major liquidé. En outre, l'efficacité militaire des sabotages et des assassinats (200 soldats allemands tués) est dérisoire et, plus grave, ces actions sont condamnées par les mouvements, la France libre et la population. Comme en 1940/1941, le PCF court le risque de se retrouver isolé, en particulier au sein du monde ouvrier.

Le déblocage se produit au milieu de 1942. En avril, le retour de Laval permet au PCF de réactiver le Front national, dorénavant susceptible d'attirer les déçus du pétainisme. La création de la Relève (juin 1942) donne un sens au sacrifice des militants. Enfin et surtout, Staline, comprenant qu'il ne gagnera pas la guerre sans l'aide des Alliés, invite en septembre 1942 les partis communistes à former de vastes alliances patriotiques. Le PCF se retrouve alors devant une importante alternative stratégique. Il peut, comme le souhaite la base ouvriériste animée par Frachon, privilégier une alliance de type Front populaire avec les syndicalistes et les socialistes. Il peut aussi, comme le souhaite la direction politique (Duclos) opter pour ce que S. Courtois appelle un « compromis historique », sorte d'union nationale avec les forces bourgeoises, les mouvements et la France libre. Conformément aux vœux de Moscou, c'est cette voie qui est choisie, le PCF lançant une intense campagne œcuménique par le biais du Front national, taisant ses revendications révolutionnaires au profit de l'action immédiate et se rapprochant des mouvements et de De Gaulle. Pour autant, la lutte militaire n'est pas abandonnée et son efficacité est nettement améliorée. Au début de 1943, Lecœur impose un cloisonnement plus strict qui limite les risques. Le STO (février 1943) gonfle enfin les effectifs des FTP et suscite des grèves. Les sabotages augmentent très sensiblement et Manouchian et Epstein redéfinissent l'action des FTP-MOI parisiens dans le sens d'une guérilla urbaine meurtrière (assassinat de J. Ritter, délégué en France de Sauckel). Le groupe Manouchian tombe cependant en novembre 1943.

Au moment de l'affrontement de Gaulle/Giraud, le Parti conserve une attitude prudente. Soucieux d'affaiblir de Gaulle et séduit par l'apolitisme de Giraud (qui ne prétend pas diriger la résistance intérieure), le PCF lui envoie un représentant (Pourtalet) et réclame « l'union la plus large possible ». Lorsque la victoire de De Gaulle ne fait plus de doute, le PCF se rallie (Grenier et Billoux entrent au CFLN en mars 1944) mais tente de s'imposer à la tête de la résistance intérieure. À partir du milieu de 1943, il entreprend une vaste pénétration de la résistance. Le pilier de cette stratégie reste le Front national dont le PCF multiplie les comités locaux et élargit sans cesse la base. Le Parti défend également sa conception de l'insurrection, préparée par l'action immédiate, et condamne l'attentisme du CFLN, ce qui lui vaut la sympathie des mouvements. Il se lance à la conquête du CNR, bénéficiant dans un premier temps de la complicité des mouvements en butte à l'emprise gaulliste. Lorsque ces mêmes mouvements tentent à l'été 1943 de recouvrer leur indépendance, le PCF entreprend de les conquérir de l'intérieur, le plus souvent par la promotion de communistes non avoués.

En juillet 1943, Hervé devient secrétaire général des MUR. Le PCF bénéficie d'une situation favorable au COMAC avec Villon, de Voguë et Kriegel (qui cache son appartenance au Parti). En mai 1944, les derniers font nommer Malleret (proche du PCF) à la tête de l'état-major FFI après la disparition de Dejussieu. Ce même Malleret, en dépit des règles de rotation entre les mouvements, impose le colonel FTP *Rol*-Tanguy à la tête des FFI parisiens. En zone Nord, le PCF profite de la décimation des mouvements non communistes (Coquoin, Médéric et Touny ont été arrêtés). Enfin, après les départs de Bénouville, Bourdet et Chevance (Combat), les communistes deviennent majoritaires au comité directeur des MUR avec Degliame, Kriegel et le bienveillant Copeau (Libération). Degliame en profite pour se faire nommer responsable national des Corps francs de la libération.

Enfin le PCF, qui crée au début de 1944 des « milices patriotiques », qui contrôle déjà le COMAC et dont les FTP ont conservé leur liberté d'action au sein des FFI, tente en mai 1944, soutenu par le CNR, de faire du COMAC le poste de commandement des FFI. Mais de Gaulle reste inflexible sur ce point : seul le général Kœnig, à Londres, est investi du commandement. À la veille de la libération, le PCF paraît en position de force : il a largement investi la résistance intérieure, sa conception de l'insurrection est populaire, il est parvenu à contrôler en partie les FFI. La prise du pouvoir est un objectif raisonnable.

2. **Les socialistes de 1940 à 1944.** — Déjà profondément divisée à la veille de la guerre, la SFIO disparaît après avoir majoritairement (90 parlementaires sur

132 votants) accordé les pleins pouvoirs à Pétain le 10 juillet 1940. Même si le soutien actif au régime de Vichy, prôné par C. Spinasse, fut rare parmi les élus et les militants socialistes, un certain nombre d'entre eux, souvent les plus pacifistes et les plus anti-communistes d'avant-guerre, suivirent P. Faure dans la voie d'une prudente adhésion à la Révolution nationale (P. Faure fut nommé au Conseil national en 1941). La grande majorité abandonna toute activité politique et se contenta de survivre. Quelques militants, dont H. Ribière et D. Mayer, avec le soutien de L. Blum, entreprirent de reconstruire l'appareil socialiste. Leur action reposait sur trois postulats : résistance à Vichy et aux Allemands, sévère épuration anti-paulfauriste, refus de constituer un mouvement de résistance purement socialiste. Ces trois principes, expression d'un désir d'union nationale et d'un sentiment diffus de culpabilité, conduisent Mayer, Gouin, Buisson et Lambert à créer, en mars 1941 à Nîmes, le CAS, Comité — et non « Parti » — d'action socialiste. Les structures sont précisées en juin à Toulouse : D. Mayer est secrétaire général, chargé de la zone Sud, alors que H. Ribière dirige l'action au nord. Deux comités de zone sont formés avec Mayer, Gouin, Defferre, Laurent et Thomas au sud et Ribière, Texier, Verdier et Bloncourt au nord.

La nébuleuse des socialistes résistants reste cependant fragmentée. Beaucoup ont adhéré à titre personnel à des mouvements (C. Pineau à Libération-Nord, P. Brossolette à la CND, V. Auriol à Libérer et Fédérer). D'autres ont gagné Londres (G. Boris) ou ont préféré renouer des liens locaux : en zone occupée, H. Ribière se rapproche de syndicalistes CGT dès la fin de 1940. D'autres enfin ont formé des réseaux ou mouvements locaux (J. Lebas dans le Nord, F. Gouin et G. Defferre dans les Bouches-du-Rhône).

À partir de 1942, suite au procès de Riom et devant la montée en puissance communiste, la reconstitution s'accélère. La structure fédérale départementale de la SFIO est rétablie, accompagnée d'une soigneuse épuration des cadres. En mars 1943, le CAS se transforme en Parti socialiste et les comités de zone disparaissent au profit d'un comité exécutif et d'un bureau national. D. Mayer demeure secrétaire général, tandis que Froment est chargé de la propagande, Buisson des relations avec le PCF, Laurent de l'organisation et Le Troquer nommé représentant auprès du CNR.

Les socialistes exercent une influence importante dans l'entourage de De Gaulle, à Londres puis à Alger. Pariant très tôt sur une démocratisation du mouvement gaulliste, L. Blum a invité les socialistes à se rapprocher de la France libre. Dès 1940, des socialistes avaient gagné Londres à titre personnel (Hauck, Boris, suivis plus tard par Philip et Brossolette). En avril 1942, F. Gouin apporte à de Gaulle le soutien officiel du CAS, tandis que le voyage de C. Pineau a pour effet d'amener de Gaulle à prendre en compte la dimension sociale de la lutte. Par la suite, l'influence socialiste ne cesse de grandir : A. Philip est commissaire au Travail, puis à l'Intérieur, A. Tixier « ambassadeur » de la France libre aux États-Unis, puis commissaire aux Affaires sociales, Le Troquer est commissaire à la Guerre du CFLN, F. Gouin président de l'Assemblée consultative, P. Bloch, P. Brossolette et L. Vallon occupent des responsabilités importantes au BCRA.

En France, les socialistes ont gagné une influence déterminante à Libération-Nord, grâce à l'action de C. Pineau et de J. Texier. En zone Sud, les succès sont moins probants. Combat, qui fustige les anciens partis, est jugé trop à droite, alors que Franc-Tireur paraît trop faible. Reste Libération-Sud. Malgré l'adhésion d'un grand nombre de socialistes au mouvement d'E. d'Astier, malgré leur présence au sein des instances dirigeantes (Viénot), l'influence socialiste y est très inférieure à celle acquise à Libération-Nord. À partir de 1943, cette influence diminue encore quand Libération-Sud se fond dans les MUR, dominés par Combat, et quand le PCF, par l'intermédiaire d'Aubrac et d'Hervé, entreprend de contrôler le mouvement.

Au total, les relations avec les mouvements furent globalement mauvaises. M. Sadoun souligne que le PS a fait les frais de l'alliance tactique nouée entre les mouvements et le PCF au début de 1943. Les mouvements critiquent son opportunisme (le PS est favorable à l'attentisme) et le conçoivent comme un obstacle à la formation d'un grand parti travailliste. Le PCF refuse de s'engager dans la voie d'un Front populaire, préférant marginaliser le PS afin d'apparaître comme le seul parti résistant. Le PS paye son choix initial du refus de constituer un mouvement autonome et voit sa légitimité résistante mise en cause. Cela se traduit par une relative faiblesse au sein du CNR.

À la fin de 1943, un retournement s'amorce quand les mouvements prennent conscience des immenses ambitions du PCF. Désormais, ils entendent bâtir le parti travailliste avec et non plus contre les socialistes. De difficiles négociations s'engagent entre les MUR et le PS au début de 1944. Elles s'enlisent au printemps 1944 par la volonté du PS, fermement dirigé par D. Mayer, qui refuse de perdre le contrôle de son appareil reconstitué et, surtout, de renoncer à son idéologie marxiste et anticléricale au profit d'un socialisme humaniste, teinté de personnalisme.

3. **La naissance d'un grand parti démocrate-chrétien.** — En 1940, au moment où la hiérarchie catholique apporte son soutien au régime de Vichy, les quelques chrétiens qui s'engagent dans la résistance proviennent en grande majorité de l'ACJF et des deux petites formations démocrates-chrétiennes d'avant-guerre, le Parti démocrate populaire (PDP) et Jeune République. La résistance chrétienne, présente dans tous les mouvements (elle est particulièrement forte à Combat et à Défense de la France), se définit d'abord par l'anti-nazisme qui constitue l'essentiel du contenu politique des articles de *Temps nouveau,* des *Cahiers du témoignage chrétien* ou de *Liberté.* L'évolution du régime de Vichy la conduit à une radicalisation politique. L'antisémitisme officiel choque ces chrétiens et l'établissement du STO suscite en 1943 une énorme désapprobation dont la hiérarchie catholique elle-même se fait

l'écho par la voix du cardinal Liénart. La résistance chrétienne, profondément influencée par le personnalisme et par le glissement à gauche de l'ensemble de la résistance, aspire peu à peu à la fusion des idéaux chrétiens et socialistes. Pour beaucoup, cette aspiration révolutionnaire doit s'incarner dans une puissante organisation chrétienne.

G. Dru définit en août 1943 le sens et la nature de cette synthèse : « C'est aux jeunes, aux forces neuves... qu'incombe cette mission de concilier les Droits de l'Homme avec la mystique démocratique d'inspiration chrétienne. » Refusant la perspective d'un parti confessionnel, il désire créer un puissant mouvement (« école de pensée autant que parti politique »), susceptible de s'ouvrir sur la gauche. À Lyon, puis à Paris, il convainc la jeune équipe dirigeante de l'ACJF (Mandouze, Colin, Montagne, Simonnet). Les têtes pensantes du CGE (de Menthon, Bastid, Teitgen), ainsi que les démocrates-chrétiens lyonnais penchent dans le même sens.

Parallèlement, G. Bidault, tirant profit de ses fonctions à la tête du CNR, qui reconnaît la sensibilité politique démocrate-chrétienne, rassemble différents dirigeants du PDP, de l'ACJF et de la CFTC (A. Colin, L. Terrenoire, G. Tessier, C. Flory, R. Buron) et les gagne à l'idée d'un parti politique. À la fin de 1943, une rencontre entre Bidault et Dru entérine le projet et, en janvier 1944, décision est prise de créer le Mouvement républicain de la libération, dont le premier programme, rédigé au printemps par Colin et Simonnet, évoque encore la « rupture avec le capitalisme ». En septembre 1944, le parti prend le nom de MRP (Mouvement républicain populaire).

III. — Les syndicats

En 1940, le mouvement syndical traverse une crise sans précédent. La CGT a éclaté en septembre 1939 quand la majorité réformiste a prononcé l'exclusion des communistes. La défaite et l'installation du régime pétainiste provoquent de nouvelles fractures. Trois courants — corporatiste, réformiste, communiste — apparaissent sur les ruines de la CGT.

Une minorité, conduite par Belin, Dumoulin et Froideval, adhère à la Révolution nationale et prétend réformer le syndicalisme de façon radicale. Le 14 juillet 1940, Belin devient secrétaire d'État à la production industrielle et au travail. La tendance Belin contrôle l'appareil officiel de la CGT et, le 30 juillet, elle fait voter une profonde révision des statuts : la CGT renonce à la grève et à la lutte des classes. Le 16 août 1940, les syndicats nationaux sont interdits. En octobre 1941, la Charte du travail, inspirée par Belin, est promulguée. Elle institue la collaboration de classe et laisse subsister localement des syndicats ouvriers uniques, obligatoires et sans pouvoir.

Des réformistes de la CGT (Gazier, Pineau, Lacoste, Saillant, Buisson) et des militants CFTC (Tessier, Boudaloux, Zirnheld) refusent cette dérive et se regroupent autour de L. Jouhaux. Le 25 août 1940, ils tiennent une première réunion clandestine à Sète pour condamner l'interdiction des syndicats. Ils créent un Comité d'études économiques et sociales (CEES) qui diffuse le 15 novembre 1940 un *Manifeste du syndicalisme français.*

Le *Manifeste* rappelle les grands principes du syndicalisme réformiste français, tout en dénonçant Vichy : indépendance syndicale, refus de confondre État et syndicat, respect de la personne humaine, anti-capitalisme.

La tendance Jouhaux opère un rapprochement avec les milieux résistants. À Lyon, Jouhaux et Buisson sont en contact avec les socialistes du CAS et, à l'automne 1941, ils s'allient à Libération-Sud d'E. d'Astier. À Libération-Nord, les syndicalistes CGT sont également influents, en particulier avec C. Pineau. Y. Morandat, membre de la CFTC et de Libération-Sud, opère un important travail de rapprochement entre syndicalistes, socialistes et résistants. Après son départ pour Londres, il contribue également à unir ces milieux à la France libre.

La promulgation de la Charte du travail (condamnée par le CEES), la politique répressive (Jouhaux est assigné à résidence en décembre 1941, puis déporté en mars 1943) et l'envoi de travailleurs en Allemagne précipitent l'entrée en résistance des syndicalistes réformistes. Le 1er mai 1942, Moulin et Morandat créent le MOF (Mouvement ouvrier français) qui associent syndicalistes de la CGT et de la CFTC. Le MOF engage la lutte contre la Relève et joue un rôle actif dans les grandes grèves de l'automne 1942. À la même date, Combat met sur pied l'Action ouvrière, confiée à Degliame, et qui entend lier revendications sociales et action patriotique. Le MOF proposait une solution originale à la réunification du monde syndical sur la base d'une union entre réformistes CGT et syndicalistes chrétiens.

En septembre 1939, après l'exclusion des unitaires de la CGT, Frachon regroupe les syndicalistes communistes au sein de « comités populaires » clandestins. Dans le cadre de la condamnation de la guerre impérialiste, ces comités engagent une guérilla sociale, d'abord contre le gouvernement de Daladier, puis contre celui de Pétain. Le PCF ayant été très rudement éprouvé (chap. I), cette action demeure toutefois très faible jusqu'à la fin de 1940. En décembre 1940, les syndicalistes communistes font reparaître la *Vie ouvrière*. Au début de 1941, leurs actions prennent plus d'ampleur et rencontrent les premiers succès : « bataille des salaires » de janvier à mai 1941, grève des mineurs du Nord en juin 1941. Dans le même temps, les attaques contre les « traîtres » de la tendance Belin et contre les réformistes sont nombreuses et violentes. L'invasion de l'URSS en juin 1941 change le sens de la lutte : la priorité est désormais donnée à l'action directe anti-allemande. Elle passe par le harcèlement social, par la grève, par le sabotage et, à partir de 1942, par le *boycott* des départs en Allemagne.

Le primat de l'action directe provoque en 1942 la mise en veilleuse de la lutte proprement sociale. Le bilan apparaît vite désastreux. La répression est féroce, la classe ouvrière est réticente et, au total, le Parti court le risque de se retrouver coupé des masses. Les grandes grèves lyonnaises contre la Relève de l'automne 1942 le montrent bien : les militants communistes n'ont ni prévu, ni encadré le mouvement. À la fin de 1942, le PCF rééquilibre la part de l'action directe et celle de la lutte sociale.

Dès lors, le PCF fait de la lutte syndicale la pierre angulaire de sa stratégie d'action immédiate. Au printemps 1944, il crée dans les usines des « milices patriotiques » qui devront lancer l'insurrection nationale, en même temps que la grève générale sera déclenchée.

L'autre objectif communiste est la réunification de la CGT. Les premiers contacts entre communistes et réformistes remontent à mai 1941 quand Pineau, Neumayer et Laurent (tendance Jouhaux) rencontrent à Paris les communistes Langlois et Bontemps. Une nouvelle étape est franchie en septembre 1942 avec l'entrevue entre Jouhaux et Sémart. L'accord se fait sur la renaissance de la CGT, la réfutation de la Charte du travail et la hausse des salaires. Un désaccord important subsiste néanmoins : le principe communiste de l'action immédiate et violente effraie les réformistes. Le monde syndical ne peut pourtant ignorer le profond mouvement d'unification de la résistance. Le 17 avril 1943, les « Accords du Perreux » (Saillant, Bothereau pour les réformistes, Raynaud, Tollet pour les communistes) scellent la réunification de la CGT. Elle s'établit sur la base du rapport de force (favorable à la tendance Jouhaux) qui existait avant la scission. La réunification ne s'opère pourtant pas sans mal (ainsi les dirigeants réformistes de la fédération des PTT refusent de céder la place aux communistes majoritaires en 1939) et les tendances demeurent. De plus, malgré la création d'un comité interfédéral d'entente CGT/CFTC au début de 1944 et malgré l'appel commun, en juillet 1944, à la grève insurrectionnelle, la réunification ne concerne que la CGT. Les syndicalistes chrétiens, soucieux de préserver leur identité, prennent leurs distances et créent un Comité de résistance des syndicats chrétiens, présidé par G. Tessier. La réunification de la CGT sous contrôle communiste signifiait l'échec de la tentative du MOF d'unification entre réformistes et chrétiens.

Chapitre VI

LES FORMES DE LUTTE

1. — La presse clandestine

La propagande fut longtemps la principale arme de la résistance. Les premiers tracts appelant au refus de l'armistice circulèrent dès l'été 1940. J. Michelet diffuse à Brive le 17 juin des appels à la résistance, imité à Saint-Étienne par le général Cochet et, en zone occupée, par les « Français libres de France » (Aveline, Cassou, Abraham) ou encore par J. Arthuys qui rédige ses *Lettres aux Français.* Rapidement, la nécessité d'une action plus continue, et donc d'un périodique, s'imposa. Selon C. Bellanger, le premier « journal » de la résistance fut *Pantagruel,* diffusé à Paris en octobre 1940 par R. Deiss et presque aussitôt suivi par la *France libre* (qui devint peu de temps après *L'Arc*) de P. Corréard. À partir de novembre 1940, les journaux clandestins se multiplièrent dans toute la France : à Lille, *L'Homme libre* des socialistes A. Laurent et J. Lebas ; à Marseille, *Liberté* des démocrates-chrétiens F. de Menthon et P.-H. Teitgen ; à Strasbourg, *L'Alsace* (n° 1 le 11 novembre 1940) de C. Schneider.

À mesure que les mouvements se développaient, une presse clandestine de plus en plus puissante et diversifiée prospérait. Les grands périodiques *(Combat, Franc-Tireur, Libération, Les Cahiers de l'OCM, Résistance, Défense de la France...)* furent le porte-drapeau politique, en même temps que l'organe éponyme, des mouvements. Les partis politiques s'appuyaient également sur la presse clandestine. Les communistes firent paraître 317 numéros clandestins de *L'Humanité* d'octobre 1939 à août 1944 et les socialistes ressuscitèrent *Le Populaire* en mai 1942.

À partir de 1942, le double souci de la sécurité et de l'efficacité poussa mouvements et partis à multiplier les éditions locales. *L'Humanité* compta ainsi des dizaines de versions départementales, avec parfois modification du titre (*Rouge Midi* à Marseille) et servit de modèle à la décentralisation du *Populaire* (*Le Populaire du Bas-Languedoc, du Midi...*). Le Front national, fort de ses multiples comités locaux, donna naissance à une abondante presse régionale (*La Picardie libre, Le Patriote niçois, La Libre Champagne, La Marseillaise, L'Est libre...*). Les principaux mouvements diffusèrent aussi des éditions régionales (*Combat* en compta jusqu'à cinq en 1944).

La presse résistante ne se limita pas à celle des partis et des mouvements. Les quatre années d'occupation suscitèrent une étonnante floraison de publications clandestines. Les milieux intellectuels et artistiques furent parmi les plus prolifiques. Les communistes avaient montré l'exemple en 1941 avec *La Pensée libre* de Decour et Politzer. Devenu *Les Lettres françaises* en septembre 1941, dans le cadre du Front national et du Centre national des écrivains, ce périodique reçut la collaboration de M.-P. Fouchet, J. Guehenno, J.-P. Sartre, P. Éluard, L. Aragon, E. Triolet, J. Cassou... *Eupalinos 41, L'Écran français* ou *La Scène française* montraient d'autres visages de la résistance artistique. En marge de la presse proprement dite, J. Bruller-*Vercors* et P. de Lescure créaient les « Éditions de Minuit » qui publièrent clandestinement *Le Silence de la mer* de Vercors, *Le Musée Grévin* d'Aragon ou *Le Cahier noir* de Mauriac.

Les enseignants, à mesure qu'ils reformaient leurs syndicats dans la clandestinité, développaient une presse abondante. Ici encore, les communistes jouèrent un rôle de pionnier (avec *L'Université libre* dès 1940), puis d'aiguillon avec le Front national qui diffusa, entre autres, *L'École laïque*. Le SNI clandestin lança *École et Liberté* qui devint *L'École libératrice* au début de 1944 tandis que la Ligue de l'enseignement proposait *L'Action laïque*. Le monde du travail connut une floraison encore plus grande, chaque corporation possédant une ou plusieurs publications. Le Front national déclinait ses éditions professionnelles : *La Terre, Honneur de la Police, La Palais libre, La Ménagère parisienne, Le Médecin français...* Les syndicats n'étaient pas en reste : les communistes imprimèrent 230 numéros clandestins de *La Vie ouvrière*, tandis que *Le Mouvement ouvrier français* (devenu *La Résistance ouvrière* en 1944) et *Le Peuple syndicaliste* complétaient l'édifice.

La collecte des informations appelait un effort de coordination. La France libre envoyait régulièrement en France un *Courrier d'Information,* rapidement augmenté de brochures et de documents divers (y compris des photos) sur microfilms. À partir de 1942, le BIP de G. Bidault (chap. IV) diffusa l'information de Londres par le *Bulletin de la France combattante* et le *Bulletin d'informations générales,* conçus par d'authentiques journalistes comme A. Sauger de *La Montagne* ou P. Corval du *Progrès.* Les MUR, qui jugeaient le BIP politiquement trop proche de Londres, organisèrent en 1943 un Centre d'information et de documentation (CID) qui diffusa le *Bulletin intérieur des MUR.* À la fin de la guerre, l'exigence de l'unification eut raison de ces divergences. Une Fédération nationale de la presse clandestine fut créée en novembre 1943 pour coordonner les efforts et, en août 1944, le BIP et le CID fusionnaient pour former l'Agence d'information et de documentation. De son côté la Délégation générale, en liaison avec le commissariat à l'Information d'Alger, avait consigné dans son *Cahier bleu* les mesures qui devaient présider à la renaissance de la presse française.

Les difficultés matérielles d'impression et de diffusion étaient considérables. Au début, les moyens de fabrication étaient artisanaux. L'imprimerie était inaccessible aux premiers résistants qui devaient taper leurs textes sur machine à écrire, puis les multigraphier. Le passage à l'imprimerie devint vite nécessaire. Si certains développèrent des solutions de fortune (comme Burgard qui réalisa *Valmy* sur une imprimerie pour enfant) ou radicales (comme Défense de la France qui, à force de prouesses techniques, créa sa propre imprimerie dissimulée dans un hangar à Aubervilliers), la solution passait par des complicités auprès d'imprimeurs, lesquels ont souvent payé très cher leur engagement. À Lyon, J. Chevalier, Martinet et E. Pons, mort en déportation, imprimèrent *Combat, Témoignage chrétien* ou *Franc-Tireur.* À Paris,

P. Virol réalisa la composition de *Résistance* et de la presse de l'OCM.

Combat, qui avait largement décentralisé sa composition, faisait appel à ses propres services d'impression (confiés à A. Bollier) et à ceux d'imprimeurs amis. À Paris, E. Amaury, ancien disciple de M. Sangnier, organisa une véritable imprimerie centrale de la résistance avec son « groupe de la rue de Lille ». Installé dans plusieurs locaux (dont ceux du journal *L'Auto*), le groupe Amaury réalisa l'impression de quantité de périodiques et d'ouvrages pour le compte de l'OCM, du Front national, des « Éditions de Minuit », de Résistance...

Avec le passage à l'impression, les tirages connurent une croissance spectaculaire. L'exemple de *Combat* est saisissant : en 1940, le premier *Bulletin* de Frenay fut tiré à 18 exemplaires, alors qu'au milieu de 1942 *Combat* était déjà diffusé à 40 000 exemplaires pour culminer à 300 000 en 1944. L'ensemble des numéros de *L'Humanité* clandestine représente le total de 5 millions d'exemplaires, alors qu'un « petit » journal comme *Défense de la France* tirait en 1944 à 200 000 exemplaires avec des pointes à 400 000. L'approvisionnement exigeait des efforts gigantesques ; les seuls besoins de *Combat* s'élevaient, en 1944, à trois tonnes de papier par mois. Tous les moyens furent bons pour se procurer le papier interdit à la vente : Bollier alla jusqu'à créer une fausse maison de commerce qui commanda du papier en Allemagne. Le plus souvent, les détournements (de force ou à l'aide de complicités) auprès de l'Office de répartition de Vichy et les commandes exagérées par de fausses sociétés offrirent le précieux papier. Restait la délicate opération de la diffusion. Initialement, les tirages très modestes permettaient des diffusions artisanales (dans les boîtes aux lettres, par la poste). Bientôt, il fallut recourir à des procédés plus élaborés. Certains mouvements possédaient de véritables équipes spécialisées dans la diffusion. Le moyen le plus efficace (mais pas le moins dangereux) consistait dans le transport de paquets grâce à la complicité de cheminots amis.

La presse clandestine finit par tisser sur la France un réseau plus dense que la presse légale d'avant-guerre. R. et P. Roux-Fouillet, qui ont recensé les publications conservées à la seule Bibliothèque nationale, relèvent pas moins de 1 016 titres. Ce phénomène souligne bien le fait que la résistance, à côté de ses manifestations violentes, fut aussi l'occasion d'une grande « prise de parole ».

II. — Les réseaux

On oppose souvent les « mouvements », organisations politiques tournées vers la propagande, aux « réseaux », structures qui auraient le monopole de l'action. Cette distinction est largement académique : la plupart des mouvements possédaient des groupes militaires et tous coiffaient des réseaux de renseignement. La singularité des réseaux réside non pas dans une fausse séparation avec les mouvements, mais dans la spécificité de leur mission : liaison, évasion et renseignement. Face mal connue de la résistance, les réseaux en ont pourtant constitué la cheville ouvrière. À la fin de la guerre, pas moins de 266 réseaux étaient répertoriés, rassemblant des milliers de militants permanents, sans compter les « occasionnels ». L'aide qu'ils fournirent aux Alliés, en particulier en matière de renseignement, fut des plus précieuses.

Les Anglais furent les premiers à organiser des réseaux en France. À l'été 1940, à côté de l'Intelligence Service, Churchill créa le SOE (Special Operations Executive) qui devait affaiblir la position de l'Allemagne en Europe occupée. Le commandant Buckmaster fut nommé chef du SOE en France.

Le SOE et l'IS employaient leurs propres agents. Cependant, l'essentiel des troupes fut fourni par des Polonais (des officiers polonais de renseignement créèrent en 1940 le réseau Famille, devenu F1, puis F2) et surtout par des Français (ainsi les réseaux Alliance de Loustaunau-Lacau, Faye et Fourcade, Carte de Bénouville ou Famille-Interallié de Vomécourt-*Lucas*).

La mission *Savannah* (mars 1941) inaugura les actions du SOE en France. Modestes à l'origine, en raison du manque de matériel et d'agents, elles prirent peu à peu de l'ampleur. Les parachutages, puis les débarquements-embarquements par avion *Lysander* se multiplièrent. Au total, 393 agents britanniques (dont 110 arrêtés) furent envoyés en mission en France. Le SOE entreprit également de parachuter des armes, d'abord à ses propres réseaux, puis à ceux de la France libre et bientôt aux maquis. H. Michel rappelle que 8 600 missions de largage de *containers* furent accomplies (613 pour le seul mois d'avril 1944). Au total, le SOE finit par contrôler une cinquantaine de réseaux d'évasion et de renseignement.

Les Américains entrèrent dans la lutte plus tardivement. En 1943, ils installèrent à Londres un département de l'OSS (Office of Strategic Services, ancêtre de la CIA). Comme les Britanniques, ils parachutèrent des agents (275 au total), contrôlèrent des réseaux (réseaux Hi-Hi, Ho-Ho, Aj-Aj, Na-Na, Ya-Ya...) et parachutèrent des armes (ainsi les Américains larguèrent l'essentiel des armes destinées au maquis du Vercors à l'été 1944).

En janvier 1944, les services anglais et américains furent réunis dans le SFHQ (Special Forces Head Quarter). En juillet 1944, après de difficiles négociations, ces services furent associés à ceux du BCRA et placés sous le commandement de Kœnig, chef suprême des FFI.

Les Soviétiques disposaient en France de moyens plus modestes, dont le fameux « Orchestre rouge », réseau de renseignement politique de grande qualité.

Le BCRA, branche « action » de la France libre, avait entrepris dès 1940 de créer ou de contrôler des réseaux en France.

Les missions du BCRA furent inaugurées dès le 20 juillet 1940 par le parachutage du lieutenant Mansion. Peu après, Rémy, après avoir sillonné la zone Nord, fonda à la fin de 1940 un remarquable réseau de renseignement, la Confrérie Notre-Dame (CND). Il recruta en zone occupée des hommes comme La Bardonnie ou Fleuret déjà engagés dans la formation de réseaux. En zone Sud, Fourcaud prit contact avec Loustaunau-Lacau et des socialistes marseillais. Toutes ces missions devaient reconnaître la situation, former des réseaux et recruter des agents. Ainsi, en mars 1941, R. Alaterne fonda le réseau Allah, chargé de surveiller la flotte allemande de l'Atlantique. Le problème des transmissions avec Londres était le plus épineux. Dans un premier temps, les agents parachutés devaient regagner Londres par les filières d'évasion terrestre via l'Espagne ou la Suisse. Le parcours étant long et dangereux, l'idée d'atterrissages en France s'imposa. En mai 1941, Fourcaud tenta le premier atterrissage. En liaison avec le SOE, le BCRA organisa des missions chargées de recenser les terrains opérationnels, comme la mission *Brick* du lieutenant Mitchell en juin 1941. La création de la SAP en zone Sud (1942) et du BOA au nord (1943) fournit au BCRA un remarquable outil de transmission.

Le BCRA finit par disposer en France de nombreux réseaux de liaison, d'évasion et de renseignement. La CND, Cohors (fondé par Cavaillès) et Phalanx (par Pineau) sont les plus connus. Ces réseaux participèrent activement aux divers plans de sabotage préliminaires au débarquement (chap. IX). Les principaux mouvements et les partis avaient également formé des réseaux : ainsi Brutus (pour les socialistes), Fana (pour le Front national) ou Turma (pour CDLR).

L'enrôlement de Français par les services alliés était vu d'un très mauvais œil par le BCRA et les conflits furent nombreux avec Anglais et Américains qui ne renoncèrent jamais vraiment à contrôler la résistance intérieure. La compétition entre Français libres et Alliés fut autant politique que financière. Vomécourt, lié au SOE, expliquait froidement qu'il faisait la guerre avec ceux qui lui en offraient les moyens. Même du côté des résistants qui reconnaissaient l'autorité du général de Gaulle, la tentation fut parfois forte d'accepter l'argent et le matériel anglais ou américains. Ainsi au début de 1943, les MUR, en proie à d'énormes difficultés financières après que Moulin eut annoncé une diminution de moitié de leur budget, envisagèrent sérieusement de se tourner vers les Américains. C'est Bénouville, lui-même ancien du réseau Carte, qui organisa le contact en Suisse. Il fallut une ferme intervention du BCRA et de Moulin pour interdire cette « filière américaine ».

Les réseaux d'évasion étaient spécialisés dans l'évacuation d'aviateurs alliés, de résistants « grillés » ou de personnalités qu'il fallait conduire à Londres. Les deux principales filières aboutissaient en Suisse et, surtout, en Espagne par les Pyrénées. Le passage des Pyrénées était dangereux et harassant, les candidats à l'évasion devant effectuer une centaine de kilomètres en deux ou trois jours de marche. Le réseau Comète, créé en 1940 par Andrée de Jonghe, fut l'un des tout premiers à organiser des évasions du nord de la France vers l'Espagne. Peu à peu, les réseaux se multiplièrent. Ceux que le BCRA forma prirent des noms d'alcools français : Pernod, Cointreau, Bénédictine, Bordeaux, Bourgogne... Les Anglais disposaient des réseaux Françoise, Félix, Cornwallis, Chartres, Jean-Jacques, Nevers... Des réseaux d'évasion par voie maritime furent également créés. Le SOE contrôlait les réseaux Shelburn (secteur de la Manche) et Pat (côte languedocienne).

Les réseaux de renseignement occupent une place fondamentale dans l'histoire de la résistance. Le premier d'entre eux fut le réseau polonais Famille. Il fut imité par bien d'autres, liés aux Britanniques (Alliance, Carte), au BCRA (CND, Phratrie, Mithridate, Marco Polo, Nestlé, Andromède, Électre, Troène...) ou aux mouvements (Turma, Manipule). Les informations envoyées à Londres étaient très diverses. Certaines furent de la plus haute importance stratégique : l'ingénieur Stosskopf, du réseau Alliance, fournit des informations complètes sur la base sous-marine de Lorient et un autre ingénieur, Keller, parvint à se brancher en dérivation sur la ligne PTT reliant Berlin au QG des troupes allemandes en France. En 1944, les réseaux avaient fourni aux Alliés des renseignements très précis sur le « Mur de l'Atlantique ». Des informations plus modestes (déplacements de troupes, rotations d'escadrilles, constructions d'ouvrages...) étaient inlassablement répertoriées. Le BCRA, fidèle à sa mission à la fois militaire et politique, commanda même de véritables sondages destinés à connaître l'opinion politique des Français.

Les réseaux de renseignement reposaient sur une structure complexe dont le cloisonnement était le maître mot.

La « centrale » du réseau servait tout à la fois d'interface avec Londres, d'état-major et de services administratifs (dactylographie, microfilmage, faux papiers, chiffre, service financier). Les services de collecte du renseignement, de liaison avec Londres et de transmission radio travaillaient sous les ordres de la « centrale ».

La transmission des informations constituait un réel problème. Chaque réseau disposait d'opérateurs radio, les fameux « pianistes ». Pourtant, les transmissions radio étaient insuffisantes. Elles n'autorisaient pas la transmission de plans, ni de rapports détaillés. Or, le flux ne cessait d'augmenter : Rémy rappelle que le volume du courrier reçu par le BCRA passa de 50 pages par mois au début de 1942 à 1 000 pages un an plus tard. Il fallut utiliser de plus en plus les services du courrier aérien et microfilmer les documents. En outre, les transmissions radio étaient très dangereuses. Plus de dix minutes d'émission continue risquaient de faire repérer le « pianiste ». De nombreux réseaux, comme la CND, furent ainsi décapités. Ces considérations amenèrent le BCRA à organiser, en 1943, des « centrales » chargées de réunir et de transmettre les renseignements de plusieurs réseaux. Ainsi, la centrale Coligny était commune à la CND, à Cohors (Libération-Nord/BCRA) et à Centurie (OCM). De plus, des réseaux uniquement spécialisés dans la transmission furent constitués en 1942 : réseaux Bouleau à Lyon, Cactus à Clermont-Ferrand, Érable à Toulouse...

La répression allemande était à la hauteur de la valeur des services rendus par les réseaux. En 1943, la *Gestapo* liquida la CND, Parsifal et Marco Polo. En 1944, ce fut le tour d'Électre et de Vermillon. H. Michel rappelle que les réseaux perdirent au total 8 230 agents et virent presque autant des leurs déportés. Ces pertes sont proportionnellement les plus fortes de toute la résistance.

III. — De l'Armée secrète aux FFI

1. Le cadre administratif. — L'unification des forces armées de la résistance commence au début de 1942. À cette date, deux pôles principaux émergent. L'AS de Combat constitue une force respectable, bien organisée et forte de 20 000 combattants potentiels pour le jour J. Combat dispose en outre, pour l'action immédiate, des Groupes francs de Renouvin. L'autre pôle est représenté par les FTP communistes qui entreprennent en 1942 une guérilla meurtrière contre les Allemands. D'autres groupes paramilitaires, plus faibles, existent dans les deux zones : au sud, les groupes d'action de Libération et de Franc-Tireur, ainsi que les groupes Veni des socialistes marseillais ; au nord, les forces militaires de l'OCM, de CDLL, de CDLR ou de Lorraine.

Après la dissolution de l'Armée de l'armistice, en décembre 1942, un certain nombre d'officiers, à l'initiative du général Verneau (dernier chef d'état-major), forment une armée secrète. Elle prend d'abord le nom d'OMA (Organisation métropolitaine de l'Armée), avant de devenir l'ORA (Organisation de résistance de l'Armée) au début de 1944. Dirigée à l'origine par les généraux Frère et Verneau (arrêtés en mars et en septembre 1943), elle passe ensuite sous les ordres du général Revers. Ses effectifs croissent rapidement, de 7 000 hommes au début de 1943 à 68 000 (dont 20 000 armés) au printemps 1944. Sur les 11 000 officiers d'active présents en France en novembre 1942 (soit en service dans l'armée d'armistice, soit en congé d'armistice), 4 000 rejoignent les rangs de la résistance. L'ORA organise des réseaux d'évasion d'officiers vers l'AFN via l'Espagne. Ses officiers arment également des maquis (Valette d'Osia dans les Alpes) et de véritables unités, comme les Corps-Francs de Pommiès dans le Sud-Ouest. Les hommes de l'ORA se considèrent comme l'avant-garde de l'Armée d'Afrique, c'est-à-dire comme des militaires apolitiques en service commandé. Les heurts ne peuvent être que violents avec les résistants qui reprochent aux militaires de Vichy d'avoir abandonné aux Allemands les armes qu'ils avaient cachées. Les cadres de l'ORA, souvent attirés par le giraudisme, sont choqués par la politisation de la résistance et par le concept d'action immédiate, qu'ils jugent suicidaire. L'incompréhension et la suspicion persistent au début de 1944 lorsque l'ORA est pleinement associée aux forces de la résistance.

À l'automne 1942, les forces militaires des trois grands mouvements de zone Sud sont fondues dans une « Armée secrète des MUR » à la tête de laquelle de Gaulle nomme le général Delestraint. Un état-major unifié est constitué sous son autorité avec la participation de cadres des mouvements (Morin de Combat et Aubrac de Libération). Cependant, les Groupes francs, le Service maquis (Brault-*Jérôme*) et l'Action ouvrière (Degliame-*Fouché,* Kriegel-*Valrimont*) demeurent en dehors de l'AS (et donc sous le contrôle direct des MUR). Les effectifs de l'AS des MUR sont évalués à 80 000 combattants potentiels en juin 1943. Reprenant l'organisation militaire de Combat, les hommes sont répartis en sizaines, elles-mêmes regroupées en trentaines strictement cloisonnées. Au nord, l'unification est plus difficile, en partie à cause du souci d'indépendance des communistes. Une AS-Nord a bien été constituée, mais son état-major (EMZO), qui finit par être formé au milieu de 1943, exerce un commandement plus théorique que réel. En outre, les FTP refusent de verser leurs troupes à l'AS et les résistants continuent à tenir l'ORA en suspicion.

Les Groupes francs et le NAP-Fer (fin 1943), puis le Service maquis (janvier 1944) passent sous l'autorité de Degliame et de Kriegel, tous deux proches du PCF. Pour l'occasion, ce service des MUR — qui centralise dorénavant toutes les opérations de sabotage dans les entreprises et à la SNCF — prend le nom d'Action immédiate (et non plus d'Action ouvrière). En janvier 1944, l'AS-Sud, l'AS-Nord et l'Action immédiate sont réunies et confiées à un commandement unique (ces forces prendront, en avril 1944, le nom de « Corps francs de la libération »). Pour contrôler l'AS ainsi véritablement unifiée, le CNR crée le COMAC (Comité d'action), composé de De Vogüe (CDLR), Kriegel (MUR) et Villon (FN). Enfin, l'ordonnance du CFLN du 1er février 1944 réunit l'AS unifiée, les FTP et l'ORA dans les FFI (Forces françaises de l'intérieur). Dans le même temps, le CNR institue un état-major national des

FFI (EM-FFI), siégeant à Paris sous l'autorité du COMAC. L'EM-FFI fut dirigé par Dejussieu-*Pontcaral* (arrêté en mai 1944), puis par Malleret-*Joinville*.

Dans le même temps, à Londres et à Alger, une difficile unification avait été réalisée. La question portait sur la fusion des services secrets gaullistes (le BCRA) et giraudistes. Le général Giraud avait en effet reformé en AFN des services spéciaux militaires, confiés au général Ronin (assisté des colonels Rivet et Paillole). Giraud refusait la fusion avec le BCRA, organisme qu'il jugeait trop politique (alors que les gaullistes défendaient le caractère à la fois politique et militaire du BCRA, en raison de la lutte très spécifique de la résistance intérieure). La querelle n'était en fait qu'un aspect de la lutte pour le pouvoir : Giraud défendait la thèse de la militarisation des services secrets afin de les maintenir sous sa seule autorité. De Gaulle finit par imposer une unification selon ses vues.

Un décret du 17 novembre 1943 regroupa l'ensemble des services secrets dans une Direction générale des services spéciaux (DGSS), confiée à J. Soustelle, assisté de Passy et de Servais. La DGSS était divisée en deux branches : le BRAL (Bureau de renseignement et d'action de Londres, dirigé par Manuel) et le BRAA (à Alger, confié à Pelabon). Toutefois, la fusion ne fut effective qu'en avril 1944, après le retrait définitif de Giraud. Par ailleurs, l'ordonnance du 21 janvier 1944 créa un Comité d'action en France (COMIDAC), « chargé de la conduite des opérations en territoire occupé ». Présidé par de Gaulle, il était composé des principaux commissaires, du chef d'état-major (Giraud, jusqu'en avril 1944, puis Juin), du général Billotte, secrétaire du Comité de la défense nationale, et de J. Soustelle.

Après l'arrestation de Delestraint, le 6 juin 1943, le CFLN envoya de toute urgence en France le colonel Marchal et C. Mangin veiller à la mise en place de l'AS. Marchal, rapidement arrêté par la Gestapo, se suicida. De Gaulle nomma alors deux Délégués militaires de zone (DMZ), Mangin au nord (auquel succédera le colonel Ely) et Bourgès-Maunoury au sud, afin d'assurer l'installation des douze Délégués militaires régionaux

(DMR) et des états-majors FFI régionaux. Plus tard (10 mars 1944), fut créée la fonction de Délégué militaire national (DMN), assurée par le général *Chaban*-Delmas. Le DMN était l'adjoint militaire du Délégué général.

En avril 1944, dans la perspective du débarquement, le général Kœnig fut nommé Délégué militaire du COMIDAC à Londres et chef suprême des FFI. Kœnig devait en outre assurer la liaison avec le Haut-Commandement allié. En juillet 1944, il obtint non sans mal que l'ensemble des réseaux alliés ou agissant pour le compte des Alliés (comme les groupes Buckmaster du SOE ou le réseau Alliance) lui fussent soumis. Le général Cochet fut parallèlement nommé chef du théâtre d'opération Sud.

Au total, une double hiérarchie avait été établie. Le CFLN disposait d'un état-major FFI à Londres (Kœnig) et de représentants militaires en France (DMN, DMZ, DMR). Le CNR, de son côté, avait créé son propre état-major FFI (Dejussieu) et son propre organisme de contrôle politique, le COMAC.

2. « Activistes » et « attentistes ». — Une divergence fondamentale sur la nature de l'insurrection provoqua entre Alger et la résistance intérieure un conflit d'une extrême gravité. Schématiquement, les partisans de l'action immédiate (mouvements et PCF) s'opposaient à ceux de l' « attentisme » (CFLN et ORA).

Les « attentistes » soulignaient le danger et l'inconscience qu'il y avait à provoquer une armée de la valeur de la Werhmacht sans l'aide des Alliés. Ils entendaient préparer les forces de la résistance à agir au jour J et, dans l'immédiat, ils limitaient leur action au sabotage en vue du débarquement, en bon ordre et dans le cadre des orientations stratégiques alliées. Les « activistes » soutenaient au contraire qu'il était difficile et incohérent de recruter des hommes sans les former au combat et pour les maintenir dans l'inaction. Que fallait-il faire en particulier des milliers de jeunes déjà dans les maquis ? Ils prétendaient également que le harcèlement, avant le débarquement, avait des effets militaires positifs et contribuait à saper le moral des troupes allemandes.

Au-delà de ces arguments militaires, les arrière-pensées politiques étaient évidentes. Les mouvements et le PCF, dans une perspective révolutionnaire, entendaient lier la libération à une véritable insurrection nationale qui faciliterait l'avance des troupes alliées, anéantirait Vichy et imposerait au CFLN les aspirations audacieuses de la résistance. Cette insurrection exigeait la souveraineté des CDL, l'armement de la population, la grève générale et, surtout, l'autonomie militaire de la résistance (le COMAC devenant l'autorité suprême des FFI). Seule l'action immédiate était de nature à préparer cette insurrection générale. De Gaulle et le CFLN naviguaient entre deux écueils bien différents. Ils devaient d'abord convaincre les Alliés, très réticents, de l'efficacité des forces de la résistance, tout en évitant que ces mêmes Alliés n'installassent en France une administration militaire comme ils l'avaient fait en Italie. Par ailleurs, il fallait contenir les ardeurs révolutionnaires de la résistance et du PCF afin d'éviter l'anarchie et de faciliter la prise du pouvoir par le CFLN.

Le conflit se focalisa sur le commandement. Delestraint, selon les instructions de De Gaulle du 21 mai 1943, devait préparer l'AS au combat et la diriger après le débarquement. Sa disparition, suivie de celle de ses principaux adjoints (Morin, Aubry et Aubrac furent arrêtés avec J. Moulin), incita le BCRA à privilégier une large décentralisation du commandement. Passy et Brossolette, en particulier, souhaitaient que le commandement suprême de l'AS fût assuré depuis Londres et que, sur le terrain, une large décentralisation laissât l'initiative aux DMR. De Gaulle se rallia à cette opinion : Delestraint ne fut pas remplacé à la tête de l'AS, les DMZ devaient accélérer la décentralisation en installant les DMR et le DMN n'était pas un commandant en chef des FFI, mais un conciliateur entre les mouvements et les DMR. Or, les mouvements, le PCF et le CNR, soucieux de contrôler les opérations depuis la France, défendaient une thèse contraire. Les MUR maintinrent un état-major national de l'AS après la disparition de Delestraint et profitèrent même de cette disparition pour rétablir leur autorité. Cet état-major fut renforcé par le COMAC et devint, pour le CNR, le véritable état-major FFI. La DGSS, inquiète de cette renaissance de la centralisation, tenta d'obtenir la suppression de cet EM-FFI et du COMAC. Chaban-Delmas et Bingen, soucieux d'éviter une rupture entre les résistances intérieure et extérieure, penchaient pour le compromis. Ils acceptèrent, le 13 mai 1944, un texte du CNR qui distinguait « centralisation de l'organisation » (avant le débarquement) et « décentralisation du commandement » (après le jour J).

La querelle rebondit après le débarquement. Les positions se radicalisaient depuis le début de 1944 à mesure que le PCF étendait son pouvoir sur les organes de la résistance (chap. V). En juin, le COMAC réclama le commandement effectif des FFI, non plus pour la période précédant le débarquement, mais pendant les combats. Un violent conflit s'éleva alors entre le COMAC et Kœnig qui s'en tenait aux termes du compromis du 13 mai. Une nouvelle fois saisi, le CNR vota, le 17 août, un texte subtil qui, tout en confirmant l'autorité du COMAC et en l'étendant à la période postérieure au 6 juin, n'en reconnaissait pas moins la priorité des ordres stratégiques de Kœnig. De Gaulle, à bout de patience, trancha dans le vif sitôt son autorité établie à Paris : le 28 août 1944, il dissout l'EM-FFI ainsi que tous les états-majors régionaux et accéléra l'incorporation des FFI au sein de l'armée régulière.

Ce très grave conflit, qui menaça l'unité de la résistance, fut réglé par les faits. Le commandement centralisé depuis la France, que réclamait le COMAC, était impossible. En effet, seuls les DMR disposaient des moyens de liaison radio avec Kœnig et les états-majors alliés (de Gaulle s'était toujours opposé à la livraison d'appareils radio au CNR). De plus, les services de parachutages (SAP et BOA) étaient également sous l'autorité des DMR. Dans ces conditions, l'EM-FFI et le COMAC ne pouvaient entrer en liaison avec les troupes qu'ils prétendaient commander et leur commandement se limita à la région parisienne. En province, les chefs régionaux FFI se conformèrent aux ordres des DMR et des troupes alliées quand celles-ci se présentèrent.

3. Diversité des formes de lutte.

— Il y a longtemps que les historiens ne limitent plus la résistance à sa seule expression violente. Résistance politique, culturelle, spirituelle, aide directe ou indirecte aux réfractaires ou clandestins constituent les visages à la fois différents et liés de la nébuleuse résistante. Ainsi on peut assimiler à la résistance, les activités de diverses associations, comme la CIMADE, réunies dans le « Comité de Nîmes » qui portaient secours aux milliers d'étrangers détenus dans les camps de Vichy. Certains réfractaires entendaient aller plus loin et « passer à l'acte ». Le passage de la ligne de démarcation ou des frontières constituait une activité à part entière. Il s'agissait d'aider l'évasion d'un aviateur anglais, d'un agent de Londres ou de quelque résistant menacé. Des réseaux (Comète, Vic ou Bourgogne) se spécialisèrent dans cette tâche. La palme revient sans doute à F. Valnet et P. Koepfler qui, pour le compte de l'ORA, firent passer en zone Sud pas moins de 10 000 personnes. Les opérations aériennes exigeaient également leur lot de volontaires. Les équipes du BOA et de la SAP finirent par mettre au point de véritables « ballets » bien rôdés.

Les atterrissages se déroulaient au 2e ou 3e quartier de lune. Le petit avion *Lysander* atterrissait sur un terrain de fortune. L'équipe de réception (dix hommes environ) maîtrisait sa tâche : balisage du terrain, réception et protection des passagers. Les « arrivants » croisaient les « partants » souvent sans les regarder et l'avion redécollait aussitôt. Des complicités étaient nécessaires pour cacher les voyageurs.

Le sabotage fut pratiqué à grande échelle. Parmi les opérations les plus spectaculaires, on retient souvent le dynamitage, en septembre 1943, de l'usine électrique de Châlon-sur-Saône par une équipe des MUR. Les FTP systématisèrent ces opérations à l'encontre des industries travaillant pour l'Allemagne. Au moment du débarquement, un vaste plan de sabotage permit de neutraliser en grande partie les communications et les liaisons allemandes. Des évasions spectaculaires furent également organisées. En octobre 1943, Lucie Aubrac parvint à faire libérer à Lyon 14 responsables des MUR. Les attentats individuels contre l'occupant furent inaugurés par les communistes à l'été 1941. Ils suscitèrent un certain trouble parmi les résistants et de Gaulle les condamna, tout en justifiant le fait que la résistance puisse être amenée à tuer des Allemands. Dans le cadre des MUR, les groupes francs de Renouvin organisaient des attentats (des « kermesses ») contre les collaborateurs. Ainsi, le procureur Lespinasse fut abattu en décembre 1943. Les groupes francs assuraient aussi la protection des dirigeants. Chez les FTP, la compagnie Valmy fut chargée de la sécurité des dirigeants du PCF et procédait à l'élimination des traîtres. Les maquisards, à partir de 1943, allèrent le plus loin dans l'action immédiate et lancèrent de véritables opérations de guérilla contre la Werhmacht. Il semble que l'écrasante majorité des résistants penchaient pour l' « activisme ». S'ils y renoncèrent, ce fut soit par obéissance aux ordres de Londres, soit, le plus souvent, faute d'armement.

IV. — Les maquis

L'établissement du STO (février 1943) incita un nombre considérable de jeunes gens à « prendre le maquis » plutôt que de partir en Allemagne. Au sens strict, le premier maquis fut constitué en janvier 1943 en Haute-Savoie par des réfractaires d'Annecy. La dissimulation de combattants dans la campagne avait cependant déjà été pratiquée par les communistes (Guigouin dans le Limousin en 1941, Fabien dans le Doubs en 1942).

L'apparition des maquis et la brusque croissance des effectifs qu'elle entraîna, provoquèrent une importante mutation des structures de la résistance. Frenay fut l'un des premiers à prendre la mesure du phénomène. Dans un important rapport d'avril 1943, il insistait sur la nécessité de transformer les réfractaires en combattants et d'établir de bons rapports avec la population. Les maquis offrirent également aux MUR l'occasion de reprendre le contrôle de leur outil militaire. En avril 1943, les MUR créèrent un Service national des maquis (SNM), confié à Brault-*Jérôme*. Celui-ci fut secondé par G. Rebattet et par R. Soulages qui organisa une École des cadres du maquis. Le CCR, à l'été 1943, créa également un Comité d'action contre la déportation (CAD), dirigé par Y. Farge et bientôt placé sous l'autorité du CNR. Le rôle du CAD était d'empêcher les départs en Allemagne en fournissant des faux papiers aux réfractaires. Ce service prit une ampleur spectaculaire, imprimant près de 500 000 fausses cartes d'identité et bénéficiant de complicités auprès de l'Inspection du travail.

Le SNM et le CAD, services « verticaux » (nationaux), jouissaient, bien que rivaux, d'une large autonomie. Cette situation finit par susciter de vives oppositions. Moulin accusait les MUR d'utiliser les maquis pour former une « AS-*bis* » entièrement sous leur contrôle. Les chefs de l'AS, quant à eux, mettaient en avant une stratégie rivale, fondée sur « l'horizontalité » et l'action immédiate. En octobre 1943, ils imposèrent que, dans chaque région, le chef de l'AS, sous le contrôle du Comité régional des MUR, commanderait l'ensemble des forces de la résistance, maquis compris. L'autonomie des maquis était condamnée alors que Brault était remplacé par Rebattet (octobre 1943). En mars 1944, le SNM, relégué dans un rôle d'intendance, fut rattaché à l'EM-FFI. En avril, lors de la création des CFL, il disparut définitivement. Cette solution traduisait la victoire d'une conception globale de la lutte armée ainsi que la volonté des chefs politiques de la résistance de contrôler les forces militaires.

Les maquis connurent une forte croissance : à la fin de 1943, selon d'Astier, ils rassemblaient 30 000 hommes en zone Sud et 10 000 au nord. Cette croissance, toutefois, n'eut rien de linéaire : après le premier « pic » de l'été 1943, lié à l'instauration du STO, à la capitulation de l'Axe en Afrique et à l'espoir d'un débarquement allié en France avant la fin de l'année, les effectifs chutèrent brusquement à la fin de 1943 avant de croître de nouveau au printemps 1944. Il est impossible de citer ici tous les maquis qui se formèrent en 1943/1944. Les maquis de l'Ain (Romans-Petit), des Glières (Morel), du Vercors

(Huet), du Mont-Mouchet (Coulaudon-*Gaspard*), du Limousin (Guingouin), de Saint-Marcel dans le Morbihan sont parmi les plus célèbres.

On a souvent opposé deux types de maquis, dont l'AS et les FTP présenteraient les modèles extrêmes.

Le maquis de l'AS ou de l'ORA, encadré par des officiers de carrière, se présente comme une unité relativement « lourde » (parfois plus de 500 hommes), marquée par l'aspect militaire et tournée vers la préparation de l'action militaire au jour J. Ainsi, sur le Vercors, le commandant Huet établit une stricte discipline militaire où les sanctions ont leur place. À l'inverse, beaucoup d'autres chefs de maquis (comme Romans-Petit) abandonnent le cérémonial militaire au profit d'un « laisser-aller » dans la vie de chaque jour qui n'exclut pas une discipline de fer au combat (les traîtres et les pillards sont systématiquement exécutés).

Les maquis FTP se caractérisent par leur petite dimension (jamais plus de 100 hommes concentrés en un seul point), par leur refus d'engager le combat de front (au profit de la guérilla) et par une attention très marquée à l'enracinement auprès de la population. Dans un premier temps, les paysans aident le maquis ; à terme, ils doivent devenir des combattants. Cette attention renvoie au mot d'ordre du PCF : « Pas d'insurrection sans les masses. » Aussi, en plein été 1944, a-t-on vu des maquisards FTP aider les paysans à la moisson entre deux coups de main. L'opposition entre ORA et AS ne doit cependant pas être systématisée. Beaucoup de maquis de l'AS étaient de petites unités qui, au moins en 1944, pratiquaient la guérilla.

Les problèmes d'intendance étaient considérables. En matière de vivres et d'habillement, les maquis profitèrent de la complicité de secrétaires de mairie ou de fonctionnaires du Ravitaillement général et du Secours national et de la sympathie des populations locales. Les besoins demeuraient cependant bien supérieurs aux ressources et les maquis durent compter sur eux-mêmes (la chasse fournit souvent la viande fraîche) et se livrer à des *razzias* auprès d'organismes vichystes (les Chantiers de jeunesse pour l'habillement) ou de grands collaborateurs. Certains, comme le Bataillon d'Armagnac, organisèrent de véritables services d'intendance. L'argent manquait cruellement, malgré les parachutages de fonds venus d'Alger.

Le Service maquis recevait 7 millions par mois à la fin de 1943, alors que les seuls besoins du maquis du Vercors étaient de l'ordre de 3 millions et que les besoins globaux s'élevaient à 25 millions. Aussi les expédients se multiplièrent. Les « Bons du Trésor » d'Alger, placés en France par le Comité financier de la Délégation, furent abondamment utilisés comme moyens de paiement. Parfois de simples « bons » de réquisition furent imposés et, solution radicale, certains maquis attaquèrent des banques ou des perceptions (les maquis de Romans-Petit s'emparèrent de 100 millions de francs à la succursale de Saint-Claude de la Banque de France). À la veille de la libération certains banquiers, sentant le vent tourner, distribuèrent généreusement des fonds ou acceptèrent le placement auprès de leur banque de Bons d'Alger.

L'armement constituait un problème encore plus redoutable d'autant que les services gaullistes et alliés étaient méfiants à l'égard des maquis dont l'efficacité leur parut longtemps douteuse. Les livraisons furent notablement inférieures aux besoins et il était impossible d'armer tous les volontaires (on comptait fréquemment un pistolet désuet pour 4 ou 5 « combattants »). Après l'année 1943, qui fut la plus difficile, les parachutages augmentèrent au début de 1944. Mais se posa alors la question du partage.

Non seulement, les Alliés avaient tendance à favoriser les groupes qu'ils contrôlaient, mais les parachutages ne furent pas toujours efficacement opérés. H. Noguères rappelle ainsi qu'en février 1944, alors que le maquis des Glières était submergé d'armes (et ne comptait pas assez d'hommes pour toutes les récupérer), les FTP en manquaient. Ils durent repousser une proposition des Anglais qui leur offraient de les armer en échange d'une soumission stratégique complète. D'une manière générale, les FTP se plaignaient, souvent à juste titre, d'être les éternels oubliés des livraisons. À la veille du débarquement, les missions *Jedburgh,* composées de trois officiers (un Anglais, un Américain, un Français), furent parachutées pour encadrer les maquis.

Les maquis qui se risquèrent à des actions militaires le payèrent souvent fort cher. En juillet 1943, les Italiens liquidèrent les maquis de Haute-Savoie. À l'automne 1943, les Allemands décimèrent les maquis de Corrèze. En février/mars 1944, le maquis des Glières, en Haute-Savoie, fut anéanti par une attaque conjuguée des Waffen-ss et de la Milice. En revanche, les maquis de l'Ain de Romans-Petit infligèrent des pertes sévères aux Allemands.

À la veille de la libération, une relative incertitude demeurait quant au rôle des maquis. Les services gaullistes restaient, contre l'avis de la résistance intérieure, favorables à l'attentisme. Ils lancèrent, toutefois, l'idée de la formation de quelques gros « maquis mobilisateurs » afin de préparer l'installation en France du CFLN (plans *Montagnard* et *Caïman,* conçus par Soustelle et Billotte). Ainsi, dans la région du Mont-Mouchet et de Chaudes-Aigues, près de 6 000 maquisards (tous armés grâce à 5 t d'armes parachutées) furent mobilisés sous les ordres de Coulaudon. L'expérience se révéla tragique, l'attaque allemande (10 juin) infligeant des pertes très lourdes. L'échec s'avéra tout aussi cinglant dans le massif du Vercors où 4 000 maquisards, privés de soutien aérien, furent décimés par les Allemands à la fin de juillet 1944. Le Haut-Commandement allié adopta également une attitude équivoque. Au moment du débarquement, Eisenhower donna l'ordre d'un soulèvement général de tous les maquis, y compris de ceux qui étaient éloignés de la zone des combats. Cette décision, qui visait à désorganiser l'ensemble du territoire et à faire croire aux Allemands que le débarquement n'était qu'une diversion, eut des conséquences tragiques. Dans le Sud-Est, en particulier, croyant à un débarquement imminent, les chefs des maquis lancèrent l'insurrection et subirent de lourdes pertes, comme à Jouques où Lecuyer (ORA) perdit 400 hommes. Devant ce bilan, Kœnig donna l'ordre le 10 juin de freiner la guérilla (à l'exception du Vercors), ce qui ne fut pas facile dans la mesure où le COMAC appelait au contraire à une intensification de l'insurrection. L'action de harcèlement et de sabotage des petits maquis s'était au total avérée plus efficace que celle des grands maquis mobilisateurs.

Chapitre VII

LES RÉSISTANTS

I. — **Un monde minoritaire mais diversifié**

Qui furent les résistants ? E. d'Astier de La Vigerie a voulu présenter le résistant comme un marginal, en rupture sociale, professionnelle et familiale. On sait aujourd'hui que cette image, non dénuée de romantisme, est fausse. Les résistants furent majoritairement des citoyens ordinaires et socialement intégrés. Ainsi, parmi les premiers résistants, Frenay, Chevance ou Touny étaient officiers de carrière, Bidault journaliste, Courtin, Teitgen, de Menthon, Coste-Floret, Cavaillès professeurs, Vildé et Lewitsky chercheurs, Ripoche ingénieur, Noutour fonctionnaire. Les élus politiques ou syndicaux étaient également fort nombreux.

H. Amouroux, s'appuyant sur un sondage fourni par les 1 417 déportés de l'Indre, propose la typologie suivante : outre 18 % de déportés « raciaux », il note 0,7 % d'ecclésiastiques, 1,8 % d'instituteurs, 4,7 % de membres de professions libérales, 5,5 % de militaires et de gendarmes, 6,5 % de patrons du commerce et de l'industrie, 7 % de lycéens et d'étudiants, 10,8 % d'employés, 14 % de fonctionnaires (agents PTT et SNCF compris), 20 % d'ouvriers et 11 % d'agriculteurs. Ces chiffres correspondent à la part relative de chaque groupe professionnel dans la société, à l'exception du dernier (plus faible). M. Granet souligne que les milieux populaires, qui fournissaient la majorité des militants de base, étaient sous-représentés parmi les cadres. Ainsi, sur 516 responsables de Combat, elle compte 36 % de professions libérales et d'universitaires et à peine 11 % d'ouvriers. Enfin, les mouvements avaient tendance à recruter dans des cercles bien précis ; ainsi à Défense de la France, les étudiants étaient largement majoritaires. Parmi les soldats volontaires des FFL, on relève une surreprésentation du monde ouvrier et de la grande bourgeoisie et, à l'inverse, une sous-représentation du monde rural.

Les femmes, bien que minoritaires, ne furent pas absentes et, comme le remarque C. Levisse-Touzé, les inégalités sexuelles de la société française des années 30 se retrouvaient dans la résistance. Les femmes furent en général confinées dans des fonctions annexes (dactylographie, transmission) quand ce ne fut pas à la cuisine. On ne trouve pas une seule femme parmi les dirigeants nationaux, ni parmi les listes de préfets établies en 1944. Marie-Madeleine Fourcade, chef du réseau Alliance, fait figure d'exception. Six femmes seulement furent élevées à la dignité de Compagnon de la Libération (sur un total de 1 057).

Les prisonniers de guerre et les évadés se signalèrent par leur désir d'autonomie. Ils formèrent des Maisons d'entraide qui envoyaient des colis truqués à leurs compagnons demeurés en Allemagne. À partir de 1943, deux grandes formations se constituèrent : le Rassemblement national des prisonniers de guerre (dirigé par Pinot et Mitterrand) et le Comité national des prisonniers de guerre (qui dépendait du Front national). Ces deux comités fusionnèrent en mars 1944 pour former le MNPGD (Mouvement national des prisonniers de guerre et déportés).

Les minorités confessionnelles s'organisèrent également. Des protestants, choqués par l'antisémitisme de Vichy, formèrent le CIMADE, dirigé en zone Sud par Madeleine Barot, qui contribua, en association avec l'Amitié chrétienne du R. P. Chaillet, à cacher et à protéger des enfants juifs. Si la communauté juive, à l'image de l'ensemble des Français, demeura majoritairement inactive, certains de ses membres entrèrent dans la résistance active. D. Knaut, A. Polonski et D. Jefroykin créèrent l'Armée juive qui passa de la protection de la population juive à la lutte armée. Dans le Tarn, des détachements des Éclaireurs israélites formèrent en 1943 des maquis juifs. Chez les communistes, les Juifs étaient nombreux au sein de la MOI-FTP et le réseau du Travail allemand se risqua à la propagande auprès des troupes d'occupation.

À partir de 1943, avec le STO, le nombre des résistants augmenta sensiblement et la proportion des plus jeunes ne cessa de croître. Représentative de la société française jusque dans ses *a priori* et ses hiérarchies, la résistance est cependant demeurée un phénomène minoritaire. Elle ne regroupait probablement pas plus de 30 000 clandestins actifs avant novembre 1942, pour atteindre le chiffre approximatif de 450 000 combattants (soit environ 2 % de la population adulte) à l'été 1944. Si l'on considère les lecteurs de la presse clandestine, on atteint le total de 2 millions de sympathisants. Ces chiffres sont à manier avec prudence. Ils peuvent à la fois surestimer le phénomène (avant janvier 1944, le nombre des résistants actifs ne dépasse certainement pas 50 000 à 60 000) et le minimiser (en ne comptabilisant pas les « légaux », comme les fonctionnaires « nappés » ou comme ces anonymes qui cachèrent ou aidèrent des clandestins). M. Granet montre ainsi que Défense de la France, qui ne rassemblait que 2 500 véritables militants, pouvait compter sur au moins 30 000 sympathisants.

La diversité est grande également sur le plan politique et il paraît difficile de suivre C. Bourdet qui voulait voir dans la résistance un phénomène de classe. Si la gauche semble avoir fourni la majorité des résistants, si le Parti communiste s'est autoproclamé le « parti des 75 000 fusillés » (chiffre largement supérieur au total des fusillés par les Allemands), les hommes de droite, voire d'extrême droite, furent loin d'être absents. Ainsi, Bénouville, Renouvin ou même Michelet (avant qu'il n'évoluât vers la démocratie chrétienne) étaient d'anciens Camelots du Roi, Valois (Franc-Tireur) et la Bardonnie (CND) venaient de l'Action française, Loustaunau-Lacau (Alliance) avait appartenu à la Cagoule, Arthuys avait milité au Faisceau. On se souvient également de l'importance des démocrates-chrétiens groupés autour de De Menthon et de Bidault. En outre, les classifications politiques des mouvements, au moins jusqu'en 1942, paraissent relativement hasardeuses. Le volontaire s'engageait, au gré du hasard des rencontres, dans le mouvement ou le réseau qui se présentait à lui, sans s'interroger sur son orientation politique.

L'appartenance à un mouvement ne signifiait d'ailleurs pas l'acceptation systématique des opinions politiques professées par la presse du mouvement. Au sein de Combat, Frenay, catholique de droite avant la guerre, cohabita avec son amie B. Albrecht, protestante aux idées progressistes, puis avec des hommes de gauche comme Degliame. Le Front national poussa le plus loin cette association d'hommes et de femmes venus de tous horizons.

II. — Des héros et des « pères tranquilles »

L'entrée dans la résistance active signifiait le basculement dans la clandestinité. Celle-ci, avec ses contraintes, ses risques et ses pièges, constituait un monde inconnu pour la plupart des résistants. Les hécatombes des premiers temps s'expliquent en grande partie par l'inobservance de règles élémentaires de prudence. On cite souvent le cas de l'équipe de J. Lebas qui éditait à Roubaix *La Quatrième République* dans une salle adjacente à la Kommandantur. La règle première imposait le changement d'identité. Barbe, moustache et fausses lunettes furent abondamment utilisées, tandis que l'adoption d'un pseudonyme (fréquemment renouvelé) était indispensable. Les complicités de policiers ou d'agents de mairie étaient recherchées car elles permettaient d'établir de fausses identités ayant toutes les apparences des vraies. Le plus sage consistait à choisir une identité qui résistât aux éventuelles vérifications (par exemple, choisir comme lieu de naissance un village plutôt qu'une grande ville ou l'AFN après novembre 1942 et la Corse après septembre 1943). Le clandestin devait assimiler sa nouvelle identité au point de changer la marque de son linge. Les principaux mouvements et réseaux eurent bientôt leurs équipes spécialisées dans la fabrication des faux papiers. Le CAD passa maître en la matière. Il fabriqua une batterie complète de faux cachets de mairies, de préfectures et d'autres administrations. Les faussaires du CAD prirent soin de reproduire jusqu'aux anomalies des cachets officiels (ainsi le fameux « 1 » de l'Imprimerie Nationale faiblement barré transversalement). Une fausse identité exigeait une panoplie complète de faux papiers accompagnés de photographies : cartes professionnelle, d'identité, de ravitaillement, de réduction SNCF, d'électeur, voire de membre de la Légion des combattants. Le changement fréquent de logement constituait une autre règle de base, ce que ne facilitait pas le manque d'argent. Ici aussi, la fusion avec le milieu d'adoption devait être complète. H. Noguères rappelle que le communiste Tillon, « planqué » dans la bourgeoise vallée de Chevreuse, ne manqua pas une messe de 1942 à 1944. Les locaux d'activité (impression, réunion, décodage, radio...) devaient être fréquemment renouvelés et obligatoirement déménagés dès qu'un militant était arrêté. Il reste vrai cependant qu'un grand nombre de militants n'avaient, même en 1944, basculé que dans une semi-clandestinité.

Sans verser dans la mythologie d'un peuple tout entier engagé dans la lutte patriotique, il convient de rappeler que la résistance ne fut pas seulement le combat des clandestins et qu'elle reposait sur la complicité de sympathisants « légaux ». Certains hébergeaient des clandestins, comme les sœurs Bergerot, les « dames de Villevieux », qui prêtèrent leur maison de Franche-Comté pour de nombreuses réunions des MUR. D'autres utilisaient leurs activités professionnelles (médecins, avocats, secrétaires de mairie, policiers) pour offrir une aide plus directe. Les cheminots jouaient un grand rôle, par la « guerre des étiquettes », qui perturbait le trafic en détournant les trains, ou par le sabotage. Des postiers, en particulier ceux de la fédération CGT, espionnaient les communications allemandes, tandis que Debeaumarchais, Pruvost et Simone Michel-Lévy, en liaison avec la CND et l'OCM, organisèrent un « état-major PTT ».

Les fonctionnaires firent l'objet d'une grande attention. Ils pouvaient prévenir des arrestations, perturber le STO et, à terme, favoriser la prise du pouvoir. Combat créa en 1942 le service NAP (Noyautage des administrations publiques), confié à C. Bourdet. Il fut complété, dans le cadre des MUR, par le « super-NAP », de M. Nègre, qui pénétrait les administrations centrales. En 1944, certains préfets jouaient le double jeu (comme P. Trouillé en Corrèze), au point que Vichy dut en arrêter quatorze et prendre diverses mesures répressives.

Certains, enfin, utilisaient leurs activités légales comme couverture. H. Noguères cite plusieurs exemples de ces « pères tranquilles », comme P. Bourthoumieux, paisible pharmacien à Toulouse et chef local des groupes Veni, ou comme F. Rombach, capitaine de gendarmerie à Tours, qui faisait passer la ligne de démarcation aux résistants, menottes aux poings, dans sa voiture de fonction.

L'argent était au centre de toutes les préoccupations. Dans un premier temps, les résistants ne comptèrent que sur eux-mêmes. Ainsi, Frenay, après de grands efforts, ne récolta que 14 000 F auprès de sympathisants en 1940. Au début de 1941, un généreux donateur lui offrit 50 000 F. Sommes dérisoires. L'unification voulue par de Gaulle impliquait le financement de la résistance. J. Moulin, dès sa première mission, distribua les fonds du BCRA : ainsi Combat reçut 250 000 F en janvier 1942, puis 5 millions en février 1943. La Délégation, par l'intermédiaire de son Comité financier, fut ensuite chargée des distributions. J. Soustelle estime à 5 milliards le total des fonds distribués en 1944 (l'équivalent du coût pour la France de dix jours d'occupation). Malgré ces efforts, l'argent ne cessa de manquer (en 1943, la solde d'un agent était de l'ordre de 3 500 F par mois, soit l'équivalent du budget d'une famille modeste) et le partage, comme celui des armes, suscita la colère des communistes (le PCF ne recevait que 4 à 5 millions par mois au milieu de 1943 quand les MUR en recevaient environ 10). Le CFLN tenta de répondre à ces besoins croissants en émettant à Alger des « Bons de la Défense nationale » que le Comité financier distribuait aux résistants. Ceux-ci devaient les échanger, auprès de banquiers très sceptiques, contre des billets français.

III. — La traque, la chute, la mort

La répression allemande s'appuyait sur deux noyaux, tous deux largement pénétrés par les SS. L'armée possédait un service de renseignements (l'*Abwehr,* au sein duquel Bleicher décapita le réseau Étoile), une sécurité militaire et une gendarmerie de campagne. Les services du parti nazi, dirigés par Kaltenbrunner, disposaient d'un service de sécurité (SD), d'une police de sûreté (Sipo) et d'une police criminelle sans compter la Gestapo (police secrète d'État) dont les principaux chefs étaient Barbie à Lyon, Dhose à Bordeaux et Oberg à Paris. À l'été 1942, la direction de tous les services de sécurité fut confiée aux SS, sous l'autorité du général Oberg. Les Italiens de leur côté disposaient de l'OVRA.

Vichy consolida considérablement son propre système répressif. Pucheu renforça la police en créant une « police des questions juives » et des Brigades spéciales, dont celle, demeurée tristement célèbre, du commissaire David. À partir de l'été 1941, au moment où commencent les attentats communistes, la répression s'accentua. La loi rétroactive du 14 août 1941 institua, dans les cours d'appel, des cours spéciales de justice qui jugèrent sans recours en cassation. En septembre, fut créé un Tribunal d'État, directement saisi par le gouvernement. Les GMR (Groupes mobiles de réserve) étaient utilisés pour la répression des maquis. En janvier 1943, la Milice succéda au SOL et devint le pivot du système répressif. Darnand, secrétaire d'État au maintien de l'ordre, institua en janvier 1944 des « cours martiales » où des miliciens condamnaient à mort sans avocat ni recours. Parallèlement, des officines, comme celle des truands Bony et Lafont de la rue Lauriston, agissaient en sous-main. Forces allemandes et vichystes collaborèrent activement dès l'armistice. En juillet 1942, les « accords Oberg-Bousquet » renforcèrent cette collaboration et, en août 1943, Darnand plaça la Milice sous l'autorité des SS.

Le rôle joué par l'Armée de l'armistice fut ambigu. On a déjà vu que certains officiers avaient entrepris de cacher des armes : le colonel Mollard monta des sociétés écran (comme les « Rapides du Littoral ») pour servir de paravent. D'autres, tel le colonel Ronin, créaient de tout aussi fictives sociétés de « Travaux ruraux » pour camoufler des services de renseignement. Le 2ᵉ Bureau, sous la direction du colonel Rivet, continuait ses activités et n'hésitait pas, du moins jusqu'en 1941, à informer certains résistants comme Frenay. Les Bureaux des menées anti-nationales (BMA) poussèrent le plus loin l'ambiguïté. Ils menaient la chasse aux agents de l'*Abwehr* en zone Sud (une trentaine d'agents allemands furent ainsi fusillés par Vichy avant novembre 1942). Mais dans le même temps, ils traquaient communistes et résistants liés aux Anglais ou à la France libre (à Marseille, les responsables du BMA et Léonard de la Sûreté anéantirent le réseau Azur).

Le cloisonnement constituait la meilleure des protections. Distinction entre opérations militaires (action) et politiques (renseignement, propagande), non-appartenance à deux réseaux différents et séparation des structures locales et nationales étaient des règles élémentaires. Elles ne furent pourtant pas toujours respectées : J. Gosset forma des groupes d'action alors qu'il dirigeait le réseau de renseignement Cohors. On sait, en outre, que la distinction imposée par Moulin et Delestraint entre militaire et politique fut contestée par les mouvements au nom de l'efficacité de l'action immédiate. La contradiction éclata au moment du débarquement. Les DMR, qui devaient constituer des groupes de sabotage n'ayant aucun lien avec les mouvements, ne purent appliquer ces ordres irréalistes venus de Londres.

Outre la traque des services de répression, les résistants devaient craindre les imprudences (Delestraint fut arrêté en juin 1943 à cause d'un message non codé déposé dans une boîte aux lettres « grillée ») et les trahisons : le réseau du Musée de l'Homme fut anéanti en 1941 suite à la dénonciation de Gaveau ; Mathilde Carré (« la Chatte ») livra le réseau Étoile ; le « retournement » de Multon offrit l'arrestation de Hardy, puis celles de Moulin et de ses adjoints. L'arrestation signifiait la mise au secret, l'angoisse de la capture des compagnons, la torture quasi systématique, la déportation et, le plus souvent, la mort. Du résistant tombé entre les griffes de la Gestapo, on attendait d'ailleurs qu'il tienne simplement le temps de laisser à ses camarades la faculté de se mettre en sécurité. Aux yeux des Allemands, le résistant n'était qu'un « terroriste » et les lois de la guerre ne pouvaient lui être appliquées. Les maquisards faits prisonniers, même munis d'uniformes ou de brassards, étaient systématiquement fusillés. Au moment du débarquement, von Rundstedt annonça qu'il traiterait les FFI en « partisans ». De Gaulle, contre l'avis des Alliés, réagit vigoureusement en menaçant de fusiller les prisonniers allemands aux mains du GPRF. Von Choltitz, à Paris, ne respecta pas les ordres de son supérieur.

Parfois, les Allemands prenaient la peine de légitimer la répression par des procès. Les 19 membres du réseau du Musée de l'Homme eurent droit, au début de 1942, à un procès relativement correct, au cours duquel le procureur militaire allemand Rostoken admit le bien-fondé patriotique de leur lutte (ce qui ne l'empêcha pas de prononcer dix condamnations à mort). On sait, en revanche, quelle parodie de procès envoya à la mort les 22 hommes du groupe Manouchian en février 1944. La seule graciée du groupe, Olga Bancil, fut finalement décapitée à la hache en Allemagne, pratique courante à l'égard des résistants.

Si le résistant parvenait à s'évader ou s'il était remis en liberté, la sécurité imposait qu'il fût traité en pestiféré par ses compagnons qui craignaient que, de peur de la torture, il n'ait pactisé avec les Allemands. Pour pallier ce risque, la France libre dotait ses agents d'une capsule de cyanure. Nombreux furent les cadres dirigeants qui préférèrent le suicide au risque de parler sous la torture.

Au début de 1944, les prisons françaises renfermaient 80 000 prisonniers et D. Peschanski évalue à plus de 300 000 le nombre de Français ayant subi l'emprisonnement de 1940 à 1944. On estime à 30 000 le nombre de fusillés par les Allemands et à 60 000 le nombre des déportés politiques (dont la moitié périt). Le nombre des maquisards et des FFI tués au combat ou massacrés dans des charniers se situe probablement autour de 15 000.

Chapitre VIII

PRÉPARER L'AVENIR

I. — Les cadres de réflexion

Au sein de la résistance, la France libre, qui se conçut très tôt comme la représentation provisoire de la nation, fut la première à développer des structures de réflexion. En décembre 1941, de Gaulle créa des « Commissions d'études des problèmes de l'après-guerre ».

La commission relative aux problèmes juridiques, présidée par R. Cassin, puis par F. Gouin, étudia une nouvelle Déclaration des droits de l'homme, s'attela à un projet de révision de la constitution et proposa la création d'une Assemblée provisoire. La commission relative aux problèmes économiques et sociaux, à laquelle participèrent L. Alphand et R. Marjolin, jeta les bases de la planification et des nationalisations. La commission de l'enseignement (Cathala, Hauck, Schumann) étudia un ambitieux projet de réforme de l'enseignement qui proposait la suppression du ministère de l'Éducation nationale au profit de l'autonomie de l'Université.

Après la création du CFLN en 1943 à Alger, de nouvelles commissions furent créées. Dans le même temps, A. Philip hérita d'un commissariat d'État chargé des études relatives à l'après-guerre et chaque commissariat développait ses propres services de réflexion. La commission des problèmes politiques, qui réunit des personnalités aussi différentes que Capitant, Hauriou, Moch ou de Menthon, définit le cadre de l'épuration et discuta divers projets de réforme de la constitution. La commission économique reprit les projets de planification et de nationalisation pendant que R. Pleven et son adjoint H. Laurentie préparaient la conférence de Brazzaville.

Les délégués de la France libre participèrent aux diverses conférences interalliées et, d'une manière générale, l'influence de la pensée et des expériences anglo-saxonnes fut considérable. À la marge de la France libre, divers comités d'études se formèrent au sein des *diaspora* intellectuelles françaises. Ainsi, l'École libre des Hautes Études de New York, animée par H. Focillon, F. Perrin et J. Maritain, forma plusieurs commissions de travail.

La résistance intérieure privilégia d'abord le combat patriotique et la propagande. Peu à peu, surtout en zone sud et dans le cadre des mouvements, les réflexions dépassèrent l'analyse des causes de la défaite et envisagèrent l'avenir. En l'absence de structure commune de pensée, chaque mouvement fit connaître ses projets par sa presse. Les mouvements les plus importants finirent par créer dans la clandestinité des revues de réflexion et d'analyse, le plus souvent d'une remarquable tenue intellectuelle. Les mouvements de zone Sud, davantage tournés vers la lutte politique, du moins jusqu'en 1942, furent les premiers à proposer ce genre de périodique : *Après* pour Combat, *Les Cahiers de la Libération* pour Libération-Sud, *La Revue libre* pour Franc-Tireur.

Lyon, où nombre de journalistes, d'hommes politiques et de syndicalistes s'étaient repliés après la défaite, devint jusqu'à l'occupation de la zone Sud un important carrefour intellectuel. En marge des mouvements, divers groupes y confrontaient projets et analyses, à la lumière des grands débats des années 30 et des conditions nouvelles créées par le pétainisme. Des catholiques se réunissaient dans les rédactions de diverses revues. S. Fumet lançait *Temps nouveau* qui, interdit à l'été 1941, reparut grâce à R. Radisson sous le titre de *Positions*. *Esprit* d'E. Mounier suivit un destin parallèle, tandis que le R. P. Chaillet publiait clandestinement *Les Cahiers du Témoignage chrétien*. Ces revues permirent des échanges entre des intellectuels, chrétiens ou pas, aussi différents qu'H. Beuve-Méry, le R. P. de Lubac, L. Terrenoire, P. Emmanuel ou L. Aragon. Autour de radicaux lyonnais se réunissaient des personnalités politiques comme P. Ramadier, P. Bastid ou J. Laniel. D'autres villes de zone Sud, comme Marseille, Toulouse, Nice et surtout Clermont-Ferrand, où le Conseil d'État et l'Université de Strasbourg étaient repliés, furent le berceau de fructueux échanges intellectuels.

En zone Nord, ces réflexions étaient moins développées. Deux mouvements, plutôt conservateurs, firent exception : l'OCM publia *L'Avenir* et *Les Cahiers de l'OCM*, deux fortes revues intellectuelles et Défense de la France proposa ses *Cahiers de Défense de la France*.

L'action d'unification dirigée par J. Moulin amena, en avril 1942, la création du BIP. Confié à G. Bidault, le BIP autorisa la diffusion d'une information centralisée pour tous les mouvements. L'étape décisive fut franchie en juillet 1942 avec la formation d'un « Comité des experts », chargé de réaliser des études en liaison avec les mouvements et d'en proposer à Londres des synthèses.

D. de Bellescize souligne que la composition du Comité traduisait la nette domination d'économistes et de juristes, d'inspiration socialiste modérée ou démocrate-chrétienne. Les premiers membres étaient F. de Menthon, professeur de droit et démocrate-chrétien, A. Parodi, conseiller d'État, R. Lacoste, fonctionnaire des finances et syndicaliste réformiste et P. Bastid, professeur de droit et ancien ministre radical. À l'automne 1942, P.-H. Teitgen et R. Courtin, respectivement professeurs de droit et d'économie et anciens collaborateurs de De Menthon à *Liberté,* s'agrégèrent à l'équipe. Enfin, en 1943, le bâtonnier Charpentier, P. Lefaucheux et M. Debré rejoignirent ce « Conseil d'État de la clandestinité ».

En février 1943, le Comité des experts devint le Comité général d'études (CGE) et vit son domaine considérablement élargi. Désormais rattaché directement à la Délégation générale, il eut pour tâche d'étudier la plupart des grands dossiers de la libération, de l'épuration aux nationalisations, en passant par la réforme de l'État. Il dut également préparer les nominations des préfets, travail confié à M. Debré. Le CGE publia sa propre revue de réflexion, *Les Cahiers politiques.*

Peu d'institutions de la résistance furent l'objet d'autant d'attaques que le CGE. Les mouvements de zone Sud lui reprochèrent son assujettissement croissant à Londres alors qu'il devait être le centre de réflexion de la résistance intérieure. La coloration politique de ses membres suscita de vives polémiques : les communistes, qui en étaient absents, dénonçaient sa dérive droitière, alors que des résistants, tels Frenay et Bourdet, favorables à la création d'un parti travailliste, l'accusaient de faire le lit d'une future formation démocrate-chrétienne.

II. — **Pour une seconde révolution française**

La résistance française se distingue de ses homologues belge, néerlandais ou polonais par l'élan révolutionnaire qui a fini par l'embraser. La réfutation d'un gouvernement collaborateur, lui-même promoteur d'une « révolution nationale », et la puissance de la résistance communiste furent les causes décisives de cette radicalisation.

En 1940/1941, il n'est pas question de songer à une révolution, mais seulement d'analyser les causes de la défaite. La plupart des résistants s'accordent pour dénoncer la faillite des élites : qu'elles soient politiques, économiques, intellectuelles ou militaires, elles ont échoué et leur responsabilité est écrasante. Se dégage alors l'idée de la nécessaire relève de ces élites par les hommes nouveaux de la résistance.

Franc-Tireur résume en juillet 1944 une opinion déjà présente en 1941/1942 : « Ce n'est pas le Conseil d'État qui a monté les maquis, ce n'est pas la Cour des comptes qui les a ravitaillés... Les "gèns très bien" ce sont les résistants. » Alors que Vichy invite le pays à la pénitence, certains, surtout à Franc-Tireur et à Libération-Sud, entendent clarifier la question des responsabilités en instruisant le procès de la bourgeoisie. *Libération,* juillet 1943 : « Peuple de France, tu n'es pas coupable. Ce sont tes fausses élites et ta bourgeoisie qui ont la responsabilité de la défaite. »

De ce constat, les résistants glissent vers une remise en cause du système éducatif qui devra à l'avenir permettre l'éclosion d'une véritable élite. *Combat,* en février 1943, est explicite : « L'instruction réellement ouverte à tous sera inséparable de l'éducation... Elle tirera ainsi du sein de la nation les élites réelles et permettra leur renouvellement constant. Une élite qui ne se renouvèle pas est une élite qui meurt. »

Allant plus loin encore et forte de ses valeurs, la résistance se veut l'école morale dont émergera un homme nouveau, « l'homme de la libération ». Les *Cahiers de Défense de la France* résument en mars 1943 une opinion largement partagée : « Les hommes qui ont acquis des droits par leur courage... ont le devoir d'apporter un idéal au pays. »

Le rejet des anciennes élites économiques, l'engagement de Vichy dans la voie de la collaboration économique et l'influence sans cesse grandissante des socialistes et des communistes conduisent les résistants à un anti-capitalisme virulent partagé par les hommes venus de la droite comme de la gauche. Cet anti-capitalisme se manifeste en premier lieu par la condamnation des « trusts » et des « féodalités économiques » qui ont conduit la France au désastre. L'idée d'une nécessaire intervention de l'État dans l'économie, par le biais de la nationalisation et de la planification, est ainsi admise et justifiée. La libération de l'homme passant par sa libération sociale, d'importantes réformes sociales devront être engagées. Le Programme du CNR, en mars 1944, réalise la synthèse de ces aspirations.

Le Programme proclame en premier lieu le rétablissement des libertés fondamentales de conscience, de presse et d'opinion. Il se prononce également pour l'établissement en France d'une « démocratie sociale » fondée sur l'organisation rationnelle de l'économie, la nationalisation et la planification. Sur le plan social, il réclame, outre des hausses de salaire, l'établissement d'un système de sécurité sociale, la réglementation de l'embauche et du licenciement, une politique des prix agricoles et il affirme les droits au travail et au loisir. Enfin, le CNR appelle de ses vœux une refonte complète du système éducatif et l'extension aux peuples colonisés des droits politiques, économiques et sociaux fondamentaux.

Ainsi est-on passé en quelques années du réflexe patriotique à l'aspiration révolutionnaire. « Seconde révolution française », « Achever 1789 » sont les *leitmotiv* de la pensée et de la presse résistantes à partir de 1942. *Combat* déclare dès septembre 1942 : « Nous voulons faire la révolution ! » Même le sage CGE, constatant en 1943 ce qu'il estime être la faillite de cent cinquante ans de règne bourgeois et capitaliste, réclame « une révolution, une vraie ». Au-delà de ces proclamations, la question de la nature de cette révolution reste posée. Comme le souligne H. Michel, la résistance, très hétérogène à l'origine, a progressivement dégagé l'idée d'un socialisme humaniste, susceptible de réconcilier les pensées socialiste, démocratique et chrétienne. Pourtant, malgré quelques efforts de théorisation, comme celui d'A. Hauriou, cette « pensée de la résistance » demeura dans un flou relatif. Plus profondément, l'unanimisme de 1943/1944 ne devait pas survivre à l'affrontement des partis, ni à la résurgence des plus profondes fractures politiques françaises.

III. — **Divergences politiques**

Sur fond d'opposition virulente entre les partis, trois grandes questions — nationalisations, laïcité, réforme de l'État — divisent les résistants à la veille de la libération. C. Andrieu a montré combien, en matière économique, l'accouchement du Programme du CNR a été difficile. Les socialistes, reprenant leurs analyses des années 30, réfléchissent, dès 1942, à l'hypothèse des nationalisations. Le programme qu'ils proposent à la fin de 1943 se prononce en faveur de la nationalisation des services publics, des assurances, des mines, des industries clés et d'un « contrôle effectif du crédit ». Ce projet est critiqué par les représentants de la droite au CNR, qui s'inquiètent de sa dérive anti-libérale, et surtout par le PCF qui, au contraire, dénonce son insuffisance. Le PCF réclame une nationalisation réelle du système bancaire et de l'ensemble de l'industrie lourde. Comme les socialistes lui font remarquer qu'il était précisément opposé à la nationalisation des banques en 1934, le PCF réplique que ces nationalisations ne répondent pas à une exigence marxiste, mais patriotique : il s'agit d'opérer le « retour à la nation » des biens des « traîtres » et des « trusts ». Le projet du CGE de novembre 1943, qui se prononçait mollement en faveur des nationalisations, tout en doutant de leur efficacité, essuya également de vives critiques de la part du PCF et du Front national. Le Programme du CNR, établi sur la base d'un texte rédigé par Villon pour le Front national, dégagea finalement sur la question des nationalisations un compromis très large (« retour à la nation des grands moyens de production monopolisés..., des sources d'énergie, des richesses du sous-sol, des compagnies d'assurance et des grandes banques »). Ce compromis permettait l'adhésion de la droite et laissait ouverte la discussion entre socialistes et communistes. De Gaulle, de son côté, refusa de reconnaître le Programme du CNR.

Tous les résistants réclamaient une réforme du système éducatif synonyme de démocratisation de l'enseignement et de fondation d'une réelle politique de la jeunesse. Cependant, les modalités de cette réforme les divisèrent profondément. À Alger, le ministre Capitant n'eut pas de mal à faire confirmer le principe de la liberté de l'enseignement : l'État laïque reconnaît les établissements privés mais ne les subventionne pas. Il en alla tout autrement lorsqu'il défendit la thèse d'une subvention, liée à une procédure d'agrément, à l'égard des mouvements de jeunesse. Les représentants des œuvres confessionnelles réclamaient la subvention mais refusaient l'agrément, au risque de retomber dans le « totalitarisme vichyste ». Les œuvres laïques, les syndicats d'enseignants et les mouvements de jeunes résistants liés au PCF s'élevèrent avec force contre le principe de la subvention au nom du respect de la laïcité. Ce débat, en apparence mineur, provoqua de très vives polémiques et fit resurgir la vieille question cléricale. C'est dans ce climat, et sur cette question principalement, qu'échouèrent au printemps 1944 les négociations entamées entre les MUR et le PS et relatives à la création d'un Parti travailliste.

Le constat de la faillite des élites conduisit les résistants à envisager une profonde réforme de l'État. La dénonciation du rôle des anciens partis fut unanime parmi les résistants. En revanche, les avis divergèrent quand on aborda la question constitutionnelle. Si tous désiraient sauvegarder les fondements de la démocratie libérale, si tous s'accordaient sur la forme républicaine du régime (le procès de Riom avait montré que l'idée républicaine était inséparable en France de la démocratie), l'organisation des pouvoirs publics fit l'objet de propositions très contradictoires. Pour la majorité des résistants, la guerre avait remis en cause le parlementarisme à la française en révélant la nécessité du renforcement de l'exécutif. Toutefois, les représentants des partis et les juristes rappelaient la vieille réticence des républicains français à l'égard d'un exécutif fort.

L'OCM et Défense de la France optaient pour un régime présidentiel à l'américaine. Le projet de l'OCM, très précoce (juin 1942), portait encore la marque de l'antiparlementarisme répandu parmi les résistants de la première heure. Il se prononçait pour un président élu au suffrage universel, nommant les ministres responsables devant lui et détenant le pouvoir de dissolution. L'Assemblée nationale disparaissait au profit d'un Sénat élu par les représentants d'assemblées régionales. Le projet de Défense de la France (février 1944) était plus prudent. Le président, élu par un Congrès, nommait les ministres et pouvait dissoudre une Assemblée qui conservait ses prérogatives.

Le CGE, composé de juristes, proposa en 1943 une solution encore plus modérée qui proposait un simple amendement de la constitution de 1875. Le président, élu par un corps électoral élargi, voyait son droit de dissolution réaffirmé et l'Assemblée ses prérogatives budgétaires limitées. Ce projet, que le CGE présentait comme le reflet de l'opinion de la résistance, fut désavoué par les MUR qui le jugeaient beaucoup trop timoré et parlementaire. Les projets soutenus à Alger, comme celui de J. Moch, étaient proches de celui du CGE : fidèles au parlementarisme, ils se limitaient à réclamer un renforcement limité de l'exécutif. Le CNR dégagea un compromis très vague qui laissait la porte ouverte à toutes les interprétations.

La question du suffrage suscita également d'importants clivages. Les radicaux, fidèles à leur logique anti-cléricale, s'opposaient au vote des femmes pourtant accepté par la très grande majorité des résistants. Le CGE proposait un vote familial, liant le nombre de voix à l'étendue de la famille. Défense de la France voulait conditionner le droit de vote à un « examen d'électeur portant sur les notions politiques élémentaires ».

Le principe du vote des femmes étant rapidement admis par le CNR et par le CFLN (ordonnance du 21 avril 1944), la véritable question porta sur l'abaissement de l'âge de la majorité. Les communistes et les mouvements de jeunes résistants, groupés au sein des FUJP (Forces unies de la jeunesse patriotique), réclamaient le vote à 18 ans. L'Assemblée d'Alger rejeta cette proposition en mai 1944, estimant la jeunesse encore immature. Gaullistes et socialistes redoutaient en fait l'influence du PCF sur une jeunesse dont on surestimait à Alger l'engagement dans les maquis.

À la veille de la libération, aucun accord n'était en vue sur la question institutionnelle. Bien plus, sur nombre de questions essentielles, les plus anciennes fractures de la vie politique française menaçaient le fragile unanimisme résistant.

Chapitre IX

LA RÉSISTANCE
DANS LA LIBÉRATION

I. — Les plans de la DGSS

L'objectif du CFLN n'est pas d'empêcher l'insurrection (de Gaulle a déclaré le 18 avril 1942 que « ... la libération nationale ne peut être séparée de l'insurrection nationale... »), mais de l'encadrer et de la contrôler. Partie des plans stratégiques alliés, elle doit être progressive, dans l'espace et dans le temps, afin de suivre et d'aider l'avance des troupes débarquées. Elle doit, en outre, faciliter la prise du pouvoir par le CFLN. On sait que cette conception s'oppose à celle de la résistance intérieure, qui souhaite une insurrection générale au jour J préparée par l'action immédiate.

Le BCRA avait imaginé une série de plans qui devaient encadrer l'action de la résistance au moment du débarquement. Un *plan vert* devait coordonner le sabotage des liaisons ferroviaires, un *plan noir* s'attaquer aux PC allemands, un *plan jaune* aux dépôts de munitions et un *plan rouge* à ceux de carburants.

En novembre 1943, la DGSS succède au BCRA (chap. VI). Le BRAL, branche londonienne de la DGSS, refond ces projets et entérine quatre plans. Le *plan vert* modifié permettra la paralysie du réseau de chemins de fer pendant une quinzaine de jours dans la zone des combats. Le *plan violet* neutralisera les communications allemandes, en particulier par le sabotage des lignes PTT à longue distance. Le *plan bleu* perturbera la distribution d'électricité. Enfin, le *plan bibendum* entreprendra des destructions ponctuelles (ponts, carrefours...) du réseau routier. Tous ces sabotages, confiés à des spécialistes, doivent être sélectifs : il faut songer à la remise en route des réseaux au service des alliés. En outre, le plan *Tortue* doit perturber les concentrations allemandes par l'action de guérilla des FFI et le plan *Caïman* prévoit la formation de quelques grands maquis mobilisateurs permettant le dégagement de « réduits » libérés où le GPRF pourrait s'installer. Dans le même temps, au sein du BRAL un *Bloc Planning* coordonne la définition et l'exécution de ces plans. Cependant, comme le *Bloc* n'est pas dans le secret des plans alliés, il doit travailler à partir d'hypothèses. Deux types d'actions sont privilégiées : le sabotage et le harcèlement des troupes allemandes.

L'exécution des plans de sabotage fut globalement satisfaisante. Malgré les atermoiements des premiers jours (Eisenhower ordonna le 6 juin un soulèvement général, que Kœnig dut freiner le 10), Kœnig estime la réalisation des plans à 60 % et Soustelle avance même le chiffre de 95 % pour le *plan vert*. De fait, des centaines de ponts, de locomotives et de convois furent détruits. Dans un rayon de 200 km autour de la Normandie, le réseau ferré fut paralysé. De juin à août, un seul train put gagner Toulouse depuis Brive. En raison de ces destructions et des raids aériens, les Allemands en furent réduits à ravitailler de nuit et par route (ou par péniches) le front de Normandie. Le *plan violet* connut également de beaux succès. Le 6 juin, les Allemands ne purent disposer des lignes PTT Amiens/Rouen, Rouen/Caen et Trappes/Le Mans. La « rocade » qui liait les QG de Versailles et de Saint-Germain fut plusieurs fois coupée. Au total, près d'une centaine de coupures de câbles à longue distance furent effectuées pour le seul mois de juin.

II. — La libération de la France

Au moment du débarquement, le rapport de force est partout défavorable aux FFI mais de façon très contrastée. Les troupes allemandes sont essentiellement concentrées le long de la façade atlantique et dans quelques grandes villes de l'intérieur. En Normandie, la situation paraît désastreuse. Les Allemands y comptent une vingtaine de divisions, alors que les FFI sont peu nombreuses et mal armées. Dans l'Orne, on n'a pu armer que 600 volontaires. Dans l'Eure, la situation est comparable : 5 000 FFI sont disponibles, mais sans armes (à l'exception des 200 membres du maquis Surcouf). En Bretagne, le rapport de force est moins défavorable. Environ 5 000 hommes, correctement armés, sont mobilisés. Le maquis de Saint-Marcel, dans le Morbihan, reçoit début juin le renfort des « bérets noirs » parachutistes du commandant Bourgoin. Les FFI bretons seront bientôt 20 000 fin juillet et 80 000 en août. Au sud de la Loire, dans une vaste région couvrant le Centre, le Limousin, l'Aquitaine et l'Auvergne, stationne la Ire armée allemande, forte d'environ 12 divisions. Cependant, cette région se vide progressivement des troupes allemandes à mesure que celles-ci montent au front. Ainsi, une seule division est maintenue dans tout le Limousin et quatre pour le quart sud-ouest de la France. Dans le reste du pays, l'occupation militaire allemande est plus lâche. Le Sud-Est est occupé par la XIXe armée qui se replie vers le nord au moment du débarquement de Provence. Dans de nombreux départements du Sud-Ouest, du Massif central et des Alpes, la présence allemande est donc relativement faible, alors que les effectifs des FFI croissent brusquement, sans que la question de l'armement soit résolue.

En Bretagne, les combats sont nombreux et violents, comme à Saint-Marcel où, le 18 juin, 2 000 FFI se heurtent à une forte résistance allemande. Après la percée d'Avranches (fin juillet), les FFI servent d'éclaireurs aux troupes américaines et libèrent Saint-Brieuc, Paimpol, Vannes, Quimper (début août). Lorsque Eisenhower lance la IIIe armée de Patton vers l'est et le nord, la Bretagne passe sous le contrôle de la résistance (Quiberon est pris le 20 août). Les FFI, faute d'armes lourdes, ne peuvent cependant réduire les poches de résistance (Lorient, Brest, La

Rochelle, Saint-Nazaire) dans lesquelles les Allemands se sont retranchés. Brest est pris après un mois de combat et les autres poches ne tombent qu'en mai 1945.

Dans le Sud-Ouest, le départ des troupes allemandes donne le signal de l'insurrection. Le 7 juin, Tulle est prise par les FFI et Mauriac tombe aux mains de la résistance. Jusqu'en août, un CLL y maintient une débonnaire « République de Mauriac ». Ce sont encore les FFI de Guingoin qui assiègent la garnison de Limoges et en obtiennent la reddition. Dans le quart sud-ouest du pays, pas moins de 28 départements sont ainsi libérés par la résistance. Les FFI harcèlent également les troupes allemandes qui font mouvement vers la Normandie. Ainsi, la colonne Elster, forte de 20 000 hommes, constamment attaquée, finit par se rendre aux Américains le 10 septembre à Issoudun.

La division SS *Das Reich,* venue de Bordeaux et de Montauban et qui doit liquider les « bandes » avant de gagner le front, est harcelée tout au long de son parcours. Elle réplique par d'atroces représailles. Le 9 juin, aidée de la Milice, elle reprend Tulle et y massacre une centaine de civils. Le 10 juin, elle brûle vifs 642 villageois d'Oradour-sur-Glane et, quelques jours plus tard, elle répand la terreur à Argenton-sur-Creuse.

Dans le Sud-Est, l'insurrection est également précoce et les actions de sabotage et de harcèlement y sont nombreuses. Faute d'appui, ces actions tournent cependant à l'avantage des Allemands. En Ardèche, Annonay, qui a été prise par les FFI après le 6 juin, est reconquise le 19 par les Allemands et la Milice. Le 26 juin, Aubenas subit le même sort et, au début de juillet, après de durs combats, le département est de nouveau aux mains des Allemands. Le même scénario se produit dans l'Ain et le Jura, où la résistance libère d'abord Bellegarde, Oyonnax, Nantua, avant de subir une terrible contre-attaque allemande, accompagnée de représailles.

Le drame du Vercors résume la difficulté de l'insurrection. Au début de juillet, appliquant les ordres d'Alger, 4 000 maquisards se mobilisent sur le plateau. Y. Farge, le 3 juillet, y proclame le rétablissement de la République. Malgré des parachutages (environ 2 000 *containers* sont largués), les armes manquent cruellement. Décidés à reprendre le plateau, les Allemands massent une grosse division d'élite, appuyée par 300 blindés et par l'aviation. À la fin du mois, ils reprennent le plateau, massacrant maquisards et populations civiles. Après la guerre, ce drame a fait l'objet d'une vive controverse entre gaullistes et communistes. Soustelle, concepteur du plan *Caïman,* insiste dans *Envers et contre tout* sur le refus des Alliés de bombarder les terrains d'aviation allemands et, surtout, accuse le communiste Grenier, commissaire à l'Air du CFLN, d'avoir refusé d'organiser une escadre aérienne pour soutenir le plateau. Grenier et Tillon, dans leurs propres mémoires, ont violemment répliqué, dénonçant la stupidité du concept de « maquis mobilisateur » et rejetant l'entière responsabilité sur les gaullistes.

Le débarquement de Provence (15 août) débloque la situation. Dès le 17, la 19e armée allemande se replie vers le nord. Dès lors, les FFI reprennent l'avantage et harcèlent les Allemands. À Marseille, ils déclenchent une insurrection qui précipite l'arrivée des troupes de Montsabert (28 août). Dans les Alpes du sud, les FFI contrôlent la route Napoléon, ce qui facilite le passage des troupes américaines, et elles font sauter le pont de Livron qui coupe l'axe Lyon-Marseille. Dans la vallée du Rhône, alors que Privas est libérée dès le 12 août, l'Ardèche est cette fois définitivement reprise à l'arrivée des Américains (fin août). Valence et Montélimar sont libérées conjointement par les Américains et les FFI. Des régions entières (Cévennes, Lozère, Haute-Loire, Alpes centrales), vides d'Allemands, tombent aux mains de la résistance. Toutes les Alpes sont en état d'insurrection. Les combats se multiplient en Savoie, Chambéry est libéré le 22 août et Annecy le 28. Le 3 septembre, Lyon accueille ses libérateurs. Dans les jours qui suivent, les FFI, déjà maîtres de l'Ain, libèrent le sud de la Bourgogne (Mâcon tombe le 4 septembre).

L'appréciation du rôle militaire de la résistance dans les combats de la libération est délicate. On sait qu'Eisenhower a évalué à une douzaine de divisions l'aide des FFI. De nombreux départements ont été libérés par les seules FFI qui ont également tenu de vastes régions sur les arrières des troupes alliées. Parfois, comme dans la vallée du Rhône, les FFI ont pu jouer un rôle de soutien militaire direct. Enfin, le travail de sabotage est indéniable. Pourtant, il ne s'agit que d'un rôle d'appoint. Partout où les FFI se sont heurtées seules et de front aux Allemands, leur déroute a été totale, issue qui n'est pas surprenante quand on se rappelle leur immense dénuement matériel.

III. — La libération de Paris

Après la rupture du front de Normandie, les troupes alliées se ruent vers l'est (elles sont à Orléans le 17 août et à Chartres le 18). L'intention d'Eisenhower n'est pourtant pas de prendre Paris. La perspective d'avoir à nourrir la grande agglomération lui fait préférer un vaste plan d'encerclement par le nord et par le sud. De Gaulle et la résistance intérieure s'accordent sur la nécessité d'une insurrection qui, seule, est de nature à modifier les plans alliés. Cependant, ils s'opposent sur ses modalités. Pour de Gaulle, il s'agit d'imposer définitivement le GPRF aux Américains. Quelle manifestation de légitimé plus éclatante que celle d'un Paris libéré acclamant de Gaulle ? Il s'agit également de couper court aux ultimes manœuvres de Laval qui, installant Herriot à l'Hôtel de Ville, envisage de convoquer les Chambres afin de ménager à Vichy une sortie honorable. Cependant, l'insurrection doit être contrôlée, de façon à éviter l' « anarchie » dans la capitale, c'est-à-dire la prise du pouvoir par les communistes. Dans Paris même, la situation est confuse. Depuis 1943, les organes centraux de la résistance, CNR et Délégation générale en tête, sont installés dans la ville. Le PCF y paraît en position de force. Il contrôle le Comité parisien de la libération et les FFI locales sont sous les ordres du chef FTP Rol-Tanguy. Ces FFI ne sont d'ailleurs pas mieux armées qu'ailleurs, puisque sur les 20 000 hommes mobilisables,

2 000 sont armés. Bien que l'accord soit imparfait entre les communistes et les autres résistants, tous réclament l'insurrection la plus rapide possible. Quant aux Allemands, ils disposent de 17 000 hommes et de blindés. Le général von Choltitz, commandant de la place, a des ordres clairs qui lui imposent la plus grande fermeté.

À l'approche des Alliés, la tension monte. Les cheminots sont en grève le 10 août, imités par les conducteurs du métro et les agents de police le 15 et par les employés des PTT le 18. Ce jour-là, le CPL prend l'initiative d'appeler à l'insurrection. Ne pouvant laisser le champ libre à la résistance intérieure et au PCF, Parodi, délégué général en France, signe le 19 un ordre de mobilisation générale. Du 19 au 22, les FFI s'emparent d'armes et de lieux publics (le CNR s'installe à l'Hôtel de Ville). Cependant, le rapport de forces reste au plus grand avantage des Allemands. Le 19, Nordling, consul de Suède, propose une trêve qui est difficilement acceptée par le CNR. Mais le 21, le CNR, après avoir frôlé la rupture entre communistes et non-communistes, la rejette avec l'accord de Parodi. Paris, comme au XIXe siècle, se couvre alors de barricades. Pendant ce temps, de Gaulle et Kœnig convainquent Eisenhower d'envoyer vers Paris la division Leclerc. Le 24, les premiers chars entrent dans Paris et le lendemain, après de rudes combats de rue, Leclerc obtient la reddition de von Choltitz. De Gaulle, le 25, fait son entrée dans la ville et signifie la restauration de l'État : il sermonne Leclerc qui a accepté que *Rol*-Tanguy cosigne la capitulation et, acte politique fondamental, il tient tête au CNR et refuse de proclamer la IVe République à l'Hôtel de Ville. Dans la logique gaullienne, la République n'a jamais cessé d'être ; d'abord réfugiée à Londres, elle a ensuite gagné Alger et elle rentre à Paris ce 25 août 1944. Le lendemain, une foule énorme acclame et légitime le rebelle du 18 juin. Il n'y a pas eu de Commune de Paris ; l'État républicain s'est imposé.

Chapitre X

LA RÉSISTANCE
NE GOUVERNERA PAS

L'année qui sépare le débarquement en Normandie de l'effondrement du IIIe Reich marque l'échec politique de la résistance. Au printemps 1944, les hommes des mouvements nourrissent encore des espoirs. Ils pensent possible la création, à partir du MLN, d'un parti travailliste qui occuperait le terrain de la gauche non communiste et qui ruinerait, par sa simple existence, la reformation de la vie politique sur ses bases partisanes traditionnelles. Une série d'échecs vient briser cette espérance.

Les premiers à faire défection sont les démocrates-chrétiens. L'enlisement des négociations entre les MUR et les socialistes conduit G. Bidault à renoncer au projet travailliste de G. Dru et à recentrer le MRP plus à droite, tout en renforçant son caractère confessionnel. La place laissée libre par la disparition de la droite, le vote prochain des femmes (que l'on continue de supposer soumises à la religion) et le soutien de la hiérarchie catholique renforcent cette orientation. G. Bidault résume brutalement son projet : « Nous ferons une politique de gauche, avec un électorat de droite. » Le congrès constitutif du MRP de novembre 1944, qui voit le sabordage du PDP et son adhésion au nouveau parti, accentue la ligne confessionnelle. Seule une petite minorité, conduite par Claudius-Petit, entend rester fidèle au projet travailliste.

Au même moment, les socialistes renoncent définitivement au Parti travailliste. Le congrès de la SFIO de novembre 1944 voit la victoire d'une ligne « conservatrice » qui s'appuie sur deux principes : l'attachement aux dogmes idéologiques du parti (marxisme, anti-cléricalisme) et le choix d'une alliance privilégiée avec le PCF. Dans le même temps, la SFIO achève de se réorganiser et de reconquérir ses bastions, comme ceux du Nord et des Bouches-du-Rhône. L'anti-communisme, le flou doctrinal et le personnalisme diffus de bien des hommes du MLN ne peuvent que déplaire à ces socialistes, soucieux de l'unité de leur propre parti au moment où ils choisissent de s'engager dans la voie d'une collaboration étroite avec un PCF plus uni et plus puissant que jamais.

Le PCF a-t-il tenté de prendre le pouvoir ? S'appuyant sur le modèle bolchevique de 1917 et observant que Thorez ne s'était pas installé à l'Élysée, les historiens français ont longtemps répondu par la négative à cette question. Des travaux récents apportent un éclairage différent.

S. Courtois, souligne l'importance de la chronologie. À l'été 1944, Staline croit à un brusque effondrement allemand. Conformément à la nouvelle thèse du passage au socialisme (1939), le rôle du PC serait de maintenir une tension révolutionnaire et d'attendre l'Armée rouge. Il peut ainsi se dresser contre de Gaulle, sans aller lui-même jusqu'au bout de l'affrontement.
Le virage se produit à la fin de l'été. Les Alliés sont sortis de l'impasse militaire, ce dont Staline prend acte en signant avec Churchill (10 octobre) un accord secret de partage de l'Europe qui retire la France de sa zone d'influence. De plus, de Gaulle n'accepte le retour de Thorez (inculpé de désertion) qu'à la condition d'un changement d'attitude du PCF. Celui-ci joue alors pleinement la carte de l'investissement légal de l'État et de l'Union nationale et lance la « bataille de la production ».

P. Buton rappelle que le PCF, depuis 1943, poursuit une stratégie duale : pénétrer la résistance intérieure pour imposer son autorité à de Gaulle, tout en jouant la carte de l'investissement légal de l'État. Pourtant, cette stratégie échoue et, à l'automne 1944, le PCF doit renoncer, au moins pour un temps, à prendre le pouvoir. P. Buton relève trois raisons majeures qui expliquent cet échec : l'occupation du pouvoir central et de ses relais régionaux par l'appareil d'État gaulliste ; l'échec de l'insurrection nationale ; enfin, et surtout, la défense de la stratégie mondiale soviétique qui, depuis 1942, repose sur l'aide des Anglo-Saxons pour écraser l'Allemagne.

Dans ces conditions, la résistance, avec ses rêves travaillistes, devient pour le PCF plus encombrante qu'utile. À la fin de 1944, il se rapproche des socialistes et opte pour la destruction ou, du moins, la totale prise de contrôle du MLN.

Le dernier espoir des mouvements reste précisément le MLN qui tient son premier congrès en janvier 1945. Les résistants se divisent sur la stratégie à adopter : soit établir une étroite coopération avec les partis et les syndicats non communistes (il s'agit en fait d'un aménagement revu à la baisse du projet travailliste) ; soit maintenir l'alliance, forgée au sein du CNR, avec tous les résistants, communistes compris. Pratiquement, la question est celle de la fusion avec le Front national que réclament le PCF et ses agents au sein du MLN. Le congrès écarte la fusion, mais les « unionistes » battus en janvier provoquent peu après l'éclatement du MLN. En effet, Hervé, Kriegel, Copeau et d'Astier quittent le MLN et fusionnent avec le Front national, créant un Mouvement unifié de la résistance française qui n'est rien d'autre qu'une filiale du PCF. Pour ce dernier, c'est en quelque sorte l'épilogue victorieux de la stratégie de conquête des organes de la résistance. Quant à la majorité de janvier, dernier carré des tenants du rêve travailliste, elle est abandonnée par les socialistes qui refusent même toute alliance privilégiée (il y a longtemps qu'on ne parle plus de formation unique). Aux élections municipales d'avril 1945, les hommes de la résistance (MLN, CDL, CLL) sont balayés par les partis traditionnels. Le 25 juin 1945, le dernier carré résistant fonde l'UDSR (Union démocratique et socialiste de la résistance), parti minuscule et très hétéroclite. S'y retrouvent des chrétiens déçus par l'orientation du MRP (Claudius-Petit), des gaullistes (J. Baumel, R. Capitant), des modérés (R. Pleven, F. Mitterrand), des socialistes (F. Leenhardt), des dirigeants de mouvements (Frenay).

Nombreux sont alors les résistants historiques qui refusent cet *ersatz* de leur grande ambition et qui se retirent de la vie publique. Au reste, le comportement de l'UDSR, qui goûte très vite les délices des jeux parlementaires, n'est pas de nature à susciter la refondation espérée de la vie politique française.

Frenay, amer, note dans *La nuit finira* : « Six mois plus tard, l'UDSR, ou plutôt ce qui en restait, se mariait avec le Parti radical ; avec ce parti que nous n'avions cessé de condamner car il était le symbole même des faiblesses et des tares du régime qui avait abdiqué en 1940. »

Beaucoup de résistants, à l'image de Frenay, se laissent gagner par une amertume égale à leurs espérances. En août 1953, le CDL des Hautes-Pyrénées justifie en ces termes son refus de s'associer aux fêtes commémoratives de la libération : « L'idéal pour lequel la résistance s'est battue, pour lequel ses martyrs ont souffert d'inhumaines souffrances, a été anéanti par les politiciens. Aussi bien, l'anniversaire de la libération est-il devenu, pour la résistance, un véritable jour de tristesse devant le bilan qui souligne aujourd'hui le sabotage de la victoire. »

En 1945, la vie politique était de nouveau dominée par les partis traditionnels. La synthèse travailliste était un échec auquel répondait, dans le monde syndical, la réunification de la CGT qui ruinait les espoirs de l'émergence d'un syndicalisme réconciliant chrétiens et réformistes. Enfin, les plus vieilles querelles politiques françaises, comme celle de la laïcité, continuaient à diviser. La résistance avait été incapable de susciter la sublimation de ces clivages traditionnels. Comment expliquer cet échec ? C. Bourdet insiste sur la responsabilité des socialistes et des démocrates-chrétiens. Dans *L'aventure incertaine,* il précise : « Si un parti socialiste de la résistance était né et surtout si nous avions su le créer dès 1942/1943 avec les dirigeants du CAS, beaucoup de chrétiens que rien n'attirait vers un parti confessionnel seraient venus à nous. » H. Frenay a développé une thèse beaucoup plus radicale, accusant les communistes et, plus encore, les dirigeants de la France libre, incapables de comprendre ce qu'était la résistance et complices du PCF. Son ressentiment s'est focalisé sur J. Moulin, dénoncé comme « crypto-communiste ».

« À la lecture des *Mémoires* du Général, on pourrait penser que c'est lui qui a inspiré, organisé et dirigé la résistance. Il peut donc sembler absurde et choquant d'affirmer qu'il ne l'a jamais comprise. Rien néanmoins n'est plus vrai... Un mur d'incompréhension n'a cessé de nous séparer. » « Jean Moulin crypto-communiste ? C'est une réponse satisfaisante à toutes mes questions... Après avoir patiemment, pendant l'année 1942, réduit à son profit l'importance des mouvements, Jean Moulin, en créant le CNR, faisait d'une pierre deux coups : d'abord au bénéfice des formations politiques de l'avant-guerre il parachevait l'abaissement des mouvements, ensuite il offrait au Parti communiste une chance exceptionnelle. »

L'historien demeure sceptique devant une telle thèse, d'autant que les travaux de D. Cordier, ancien secrétaire de Moulin, la réfutent formellement. L'attitude de Frenay révèle plutôt la difficulté des résistants à rendre compte de leur échec politique. Les hommes des mouvements, par leur longue hostilité à l'égard des socialistes, portent une part de responsabilité non négligeable dans l'échec du projet travailliste. M. Agulhon montre que la résistance, qui n'a jamais rassemblé qu'une petite minorité, n'avait pas les moyens politiques de ses ambitions : « L'enracinement de la démocratie républicaine classique dans les mœurs françaises est tel que les structures des partis étaient sans doute, même en 1945, plus réellement populaires que les comités de héros inconnus. »

BIBLIOGRAPHIE

A. Aglan, *La Résistance sacrifiée. Le mouvement « Libération-Nord »* (1999).

C. Andrieu, *Le Programme commun de la Résistance* (1984).

J.-P. Azéma, *De Munich à la Libération* (1979).

J.-P. Azéma (dir.), *Jean Moulin face à l'histoire* (2001).

C. Bellanger, H. Michel et C. Lévy, *Histoire générale de la presse française de 1940 à 1958* (t. 4, 1975).

D. de Bellecisze, *Les neuf sages de la résistance. Le CGE dans la clandestinité* (1979).

P. Buton, *Les lendemains qui déchantent. Le PCF à la libération* (1993).

M. et J.-P. Cointet, *La France à Londres, 1940-1943* (1990).

D. Cordier, *Jean Moulin, l'inconnu du Panthéon,* 3 vol. parus (1989/1991).

S. Courtois, *Le PCF dans la guerre* (1980).

L. Douzou, *La désobéissance. Histoire du mouvement « Libération-Sud »* (1995).

Journées d'études sur le mouvement syndical dans la résistance, Éd. de la Courtille (1972).

H. R. Kedward, *Naissance de la Résistance dans la France de Vichy* (1989).

P. Laborie, *L'opinion française sous Vichy* (1990).

La Libération de la France, colloque de la FNSP (1976).

Les communistes français de Munich à Châteaubriant, colloque de la FNSP (1979).

Les maquis, colloque organisé par le ministère des Anciens Combattants (1984).

C. Levisse-Touzé (dir.), *Les femmes dans la Résistance* (2003), et *L'Afrique du Nord dans la guerre* (1998).

H. Michel et B. Guetzevitch, *Les idées politiques et sociales de la Résistance* (1954).

J.-F. Muracciole, *Histoire de la France libre* (1996).

J.-F. Muracciole, *Les enfants de la défaite. La Résistance, l'éducation et la culture* (1996).

H. Noguères, *Histoire de la Résistance en France* (5 vol., 1967/1981).

H. Noguères, *La vie quotidienne des résistants* (1984).

D. Peschanski, *La France des camps* (2002).

G. Piketti, *Pierre Brossolette : un héros de la Résistance* (1998).

La Résistance et les Français, Actes des Colloques de Rennes (*Aspects sociologiques,* 1995) et de Besançon (*La lutte armée,* 1996).

M. Sadoun, *Les socialistes sous l'Occupation* (1982).

O. Wieviorka, *Une certaine idée de la Résistance* (1995).

TABLE DES MATIÈRES

Imprimé en France
par Vendôme Impressions
Groupe Landais
73, avenue Ronsard, 41100 Vendôme
Avril 2003 — N° 50 105